LIVRO DE RECEITAS DE PRATOS MEDITERRÂNEOS

100 RECEITAS MEDITERRÂNEAS PARA TENTAR EM CASA

RODRIGO ORBE

Todos os direitos reservados.

Isenção de responsabilidade

As informações contidas neste eBook destinam-se a servir como uma coleção abrangente de estratégias sobre as quais o autor deste eBook pesquisou. Resumos, estratégias, dicas e truques são apenas recomendações do autor, e a leitura deste e-book não garante que os resultados de uma pessoa reflitam exatamente os resultados do autor. O autor do eBook fez todos os esforços razoáveis para fornecer informações atuais e precisas aos leitores do eBook. O autor e seus associados não serão responsabilizados por quaisquer erros ou omissões não intencionais que possam ser encontrados. O material do eBook pode incluir informações de terceiros. Os materiais de terceiros são compostos por opiniões expressas por seus proprietários. Como tal, o autor do eBook não assume responsabilidade ou obrigação por qualquer material ou opinião de terceiros.

O eBook é copyright © 2022 com todos os direitos reservados. É ilegal redistribuir, copiar ou criar trabalho derivado deste e-book no todo ou em parte. Nenhuma parte deste relatório pode ser reproduzida ou retransmitida em qualquer forma reproduzida ou retransmitida em qualquer forma sem a permissão por escrito expressa e assinada do autor.

ÍNDICE

ÍNDICE 4

INTRODUÇÃO 8

APERITIVOS MEDITERRÂNEOS 10

1. Bolinhos de camarão crocante 11
2. Tomates recheados 14
3. Bolinhos de bacalhau com aioli 17
4. Croquetes de camarão 21
5. Batatas crocantes temperadas 24
6. Gambas de camarão 27
7. Vinagrete de mexilhões 30
8. Pimentões recheados com arroz 34
9. Lula com alecrim e óleo de pimenta 37
10. Salada de Tortellini 40
11. Salada de macarrão caprese 43
12. Bruschetta Balsâmica 46
13. Bolas de pizza 49
14. Picadas de Vieira e Presunto 52
15. Berinjela com mel 55
16. Salsicha cozida em cidra 58
17. Picadas de pastel de frango italiano 60
18. espetadas de carne espanholas 62
19. Mistura de pipoca italiana crocante 65
20. bolas de Arancini 68
21. Manchego com Conserva de Laranja 73
22. Nachos italianos 77
23. Pintxo de frango 81
24. Embalagens de carne italiana 84
25. Roll-ups italianos de pepperoni 87

PRATO PRINCIPAL MEDITERRÂNEO90

26. Arroz espanhol italiano91
27. Paella Twist Italiana95
28. Salada de batata espanhola99
29. Carbonara espanhola103
30. Almôndegas ao molho de tomate106
31. Sopa de Feijão Branco110
32. sopa de peixe113
33. Pasta e Fagioli116
34. Sopa de Almôndegas e Tortellini119
35. Frango Marsala122
36. Frango Cheddar Alho125
37. Frango Fettuccine Alfredo128
38. Ziti com linguiça131
39. Salsicha e Pimenta134
40. Lasanha picante137
41. Jantar de frutos do mar Diavolo141
42. Linguine e Camarão Scampi145
43. Camarão ao molho pesto148
44. Sopa de Peixe e Chouriço151
45. Ratatouille espanhol154
46. Ensopado de feijão e chouriço157
47. Gaspacho160
48. Lula e Arroz163
49. Ensopado de coelho em tomate166
50. Camarões com Funcho169

SOBREMESA MEDITERRÂNEA172

51. Panna Cotta de Chocolate173
52. Galette de queijo com salame176
53. Tiramisu179
54. Torta cremosa de ricota182
55. Biscoitos de Anis185

56. Panna Cotta 188
57. Pudim de Caramelo 191
58. Creme Catalão 194
59. Creme Espanhol Laranja-Limão 197
60. Melão Bêbado 200
61. Sorvete de Amêndoa 203
62. Torta de Maçã Espanhola 206
63. Creme de Caramelo 210
64. Cheesecake Espanhol 213
65. Creme Frito Espanhol 216
66. Torta Italiana de Alcachofra 220
67. Pêssegos Assados Italianos 223
68. Bolo Italiano Picante de Ameixa 226
69. Doce de Nozes Espanhol 230
70. Pudim de Mel 232
71. Torta de Cebola Espanhola 235
72. Suflê de Panela Espanhola 238
73. Semifreddo de Mel Congelado 240
74. Sobremesa Italiana 244
75. Affogato 247

BEBIDAS MEDITERRÂNEAS 249

76. Rum e Gengibre 250
77. Refrigerante de Creme Italiano 252
78. Sangria Espanhola 254
79. Tinto de Verano 257
80. Sangria de Vinho Branco 259
81. Horchata 262
82. Licor 43 Cuba Libre 265
83. Frutas Água Fresca 267
84. Caipirinha 269
85. Carajillo 271
86. Licor de Limão 273

87. Sgroppino 276
88. Aperol Spritz 278
89. Soda Italiana de Amora 280
90. Café italiano Granita 282
91. Limonada italiana de manjericão 284
92. Gingermore 287
93. Hugo 289
94. Frapê de frutas frescas espanhol 292
95. Chocolate quente à espanhola 294
96. Chinotto Verde 296
97. Rose Spritz 298
98. Mel de abelha cortado 300
99. Bitters cítricos 302
100. Pisco Sour 305

CONCLUSÃO 307

INTRODUÇÃO

Pratos mediterrâneos são alimentos típicos dos países da região mediterrânea. É um estilo de vida mais do que uma simples forma de comer, muito mais do que um padrão alimentar, mas sim um conjunto de saberes, hábitos sociais e tradições culturais que foram historicamente transmitidos pelos povos que vivem no Mediterrâneo desde o imediato período pós-guerra.

A cozinha mediterrânea é a comida e os métodos de preparação utilizados pelos povos da Bacia do Mediterrâneo. Os quatro elementos principais da cozinha são;

- Azeitonas
- Trigo (pão e macarrão)
- Uvas
- Vinho

A região abrange uma grande variedade de culturas com cozinhas distintas, em particular (no sentido anti-horário da região) o Magrebi, Egípcio, Levantino, Otomano (Turco), Grego, Italiano, Provençal e Espanhol, embora alguns autores incluam cozinhas adicionais. A cozinha portuguesa, em particular, é em parte mediterrânica.

APERITIVOS MEDITERRÂNEOS

1. Bolinhos de camarão crocante

Serve 6 porções

Ingredientes:

- ½ quilo de camarão pequeno, descascado
- 1 ½ xícaras de grão de bico ou farinha normal
- 1 colher de sopa de salsa fresca picada
- 3 cebolinhas, parte branca e um pouco da parte superior verde tenra, finamente picada
- ½ colher de chá de páprica doce/pimentão
- Sal
- Azeite para fritar

instruções:

a) Cozinhe os camarões em uma panela com água suficiente para cobri-los e leve ao fogo alto.

b) Em uma tigela ou processador de alimentos, misture a farinha, salsa, cebolinha e pimentón para produzir a massa. Adicione a água da cozedura arrefecida e uma pitada de sal.

c) Misture ou processe até obter uma textura um pouco mais grossa que a massa de panqueca. Leve à geladeira por 1 hora após a cobertura.

d) Retire os camarões da geladeira e pique-os finamente. Os grãos de café devem ser do tamanho dos pedaços.

e) Retire a massa da geladeira e misture os camarões.

f) Em uma frigideira pesada, despeje o azeite a uma profundidade de cerca de 1 polegada e aqueça em fogo alto até que esteja praticamente fumegando.

g) Para cada bolinho, despeje 1 colher de sopa de massa no óleo e alise a massa com as costas de uma colher em um círculo de 3 1/2 polegadas de diâmetro.

h) Frite por cerca de 1 minuto de cada lado, girando uma vez, ou até que os bolinhos estejam dourados e crocantes.

i) Retire os bolinhos com uma escumadeira e coloque em um refratário.

j) Sirva imediatamente.

2. Tomates recheados

Ingredientes:

- 8 tomates pequenos ou 3 grandes
- 4 ovos cozidos, resfriados e descascados
- 6 colheres de sopa de aioli ou maionese
- Sal e pimenta
- 1 colher de sopa de salsa, picada
- 1 colher de sopa de farinha de rosca branca, se estiver usando tomates grandes

instruções:

a) Mergulhe os tomates em uma bacia com água gelada ou extremamente fria depois de esfolá-los em uma panela com água fervente por 10 segundos.

b) Corte o topo dos tomates. Usando uma colher de chá ou uma faca pequena e afiada, raspe as sementes e o interior.

c) Amasse os ovos com o Aioli (ou maionese, se estiver usando), sal, pimenta e salsa em uma tigela.

d) Recheie os tomates com o recheio, pressionando bem. Recoloque as tampas em um ângulo alegre em pequenos tomates.

e) Encha os tomates até o topo, pressionando firmemente até ficarem nivelados. Leve à geladeira por 1 hora antes de cortar em anéis usando uma faca afiada.

f) Decore com salsa.

3. Bolinhos de bacalhau com aioli

Serve 6 porções

Ingredientes:

- 1 kg de bacalhau demolhado
- 3 1/2 oz de farinha de rosca branca seca
- 1/4 kg de batata farinhenta
- Azeite, para fritar em pouca profundidade
- 1/4 xícaras de leite
- Fatias de limão e folhas de salada, para servir
- 6 cebolinhas bem picadas
- Aioli

instruções:

a) Em uma panela com água fervente levemente salgada, cozinhe as batatas, com casca, por cerca de 20 minutos, ou até ficarem macias. Ralo.

b) Descasque as batatas assim que estiverem frias o suficiente para serem manuseadas e amasse com um garfo ou um espremedor de batatas.

c) Em uma panela, misture o leite, metade das cebolinhas e leve para ferver. Adicione o bacalhau de molho e escalfe por 10-15 minutos, ou até que se desfaça facilmente. Retire o bacalhau do tacho e desfie-o numa tigela com um garfo, retirando as espinhas e a pele.

d) Junte 4 colheres de puré de batata com o bacalhau e misture com uma colher de pau.

e) Trabalhe no azeite, em seguida, adicione o purê de batata restante aos poucos. Combine as cebolinhas restantes e salsa em uma tigela.

f) A gosto, tempere com suco de limão e pimenta.

g) Em uma tigela separada, bata um ovo até ficar bem misturado, depois leve à geladeira até ficar sólido.

h) Enrole a mistura de peixe gelada em 12-18 bolas, depois achate suavemente em pequenos bolos redondos.

i) Cada um deve ser enfarinhado primeiro, depois mergulhado no ovo batido restante e finalizado com farinha de rosca seca.

j) Leve à geladeira até que esteja pronto para fritar.

k) Em uma frigideira grande e pesada, aqueça cerca de 3/4 de polegada de óleo. Cozinhe os bolinhos por cerca de 4 minutos em fogo médio-alto.

l) Vire-os e cozinhe por mais 4 minutos, ou até ficarem crocantes e dourados do outro lado.

m) Escorra em papel toalha antes de servir com Aioli, fatias de limão e folhas de salada.

4. Croquetes de camarão

Faz cerca de 36 unidades

Ingredientes:

- 3 1/2 oz manteiga
- 4 onças de farinha simples
- 1 1/4 litro de leite frio
- Sal e pimenta
- 14 onças de camarões descascados cozidos, em cubos
- 2 colheres de chá de purê de tomate
- 5 ou 6 colheres de sopa de farinha de rosca fina
- 2 ovos grandes, batidos
- Azeite para fritar

instruções:

a) Em uma panela média, derreta a manteiga e acrescente a farinha, mexendo sempre.

b) Regue lentamente o leite gelado, mexendo sempre, até obter um molho espesso e suave.

c) Adicione os camarões, tempere generosamente com sal e pimenta e, em seguida, misture o extrato de tomate. Cozinhe por mais 7 a 8 minutos.

d) Pegue uma colher de sopa escassa dos ingredientes e enrole-a em croquetes de cilindro de 1 1/2 - 2 polegadas.

e) Passe os croquetes na farinha de rosca, depois no ovo batido e por último na farinha de rosca.

f) Em uma panela grande e de fundo grosso, aqueça o óleo para fritar até atingir 350 ° F ou um cubo de pão dourar em 20 a 30 segundos.

g) Frite por cerca de 5 minutos em lotes de não mais de 3 ou 4 até dourar.

h) Com uma escumadeira, retire o frango, escorra em papel de cozinha e sirva imediatamente.

5. Batatas crocantes temperadas

Serve: 4

Ingredientes:

- 3 colheres de azeite
- 4 batatas Russet, descascadas e cortadas em cubos
- 2 colheres de cebola picada
- 2 dentes de alho, picados
- Sal e pimenta preta moída na hora
- 1 1/2 colheres de sopa de páprica espanhola
- 1/4 colher de chá de molho Tabasco
- 1/4 colher de chá de tomilho moído
- 1/2 xícara de ketchup
- 1/2 xícara de maionese
- Salsa picada, para guarnecer
- 1 xícara de azeite, para fritar

instruções:

O molho brava:

a) Aqueça 3 colheres de sopa de azeite em uma panela em fogo médio. Refogue a cebola e o alho até a cebola murchar.

b) Retire a panela do fogo e misture a páprica, o molho Tabasco e o tomilho.

c) Em uma tigela, misture o ketchup e a maionese.

d) A gosto, tempere com sal e pimenta. Retire da equação.

As batatas:

e) Tempere levemente as batatas com sal e pimenta preta.

f) Frite as batatas em 1 xícara (8 fl. oz.) de azeite em uma frigideira grande até dourar e cozinhar, mexendo ocasionalmente.

g) Escorra as batatas em papel toalha, prove-as e tempere com sal extra, se necessário.

h) Para manter as batatas crocantes, misture-as com o molho antes de servir.

i) Sirva quente, decorado com salsa picada.

6. Gambas de camarão

Serve 6 porções

Ingredientes:

- 1/2 xícara de azeite
- Suco de 1 limão
- 2 colheres de chá de sal marinho
- 24 camarões médios-grandes, na casca com as cabeças intactas

instruções:

a) Em uma tigela, misture o azeite, o suco de limão e o sal e bata até misturar bem. Para cobrir levemente os camarões, mergulhe-os na mistura por alguns segundos.

b) Em uma frigideira seca, aqueça o azeite em fogo alto. Trabalhando em lotes, adicione os camarões em uma única camada sem encher a panela quando estiver muito quente. 1 minuto de cozedura

c) Reduza o fogo para médio e cozinhe por mais um minuto. Aumente o fogo para alto e sele o camarão por mais 2 minutos, ou até dourar.

d) Mantenha o camarão aquecido em forno baixo em um prato refratário.

e) Cozinhe o camarão restante da mesma maneira.

7. Vinagrete de mexilhões

Porções: rende 30 tapas

Ingredientes:

- 2 1/2 dúzia de mexilhões, lavados e sem barba Alface ralada
- 2 colheres de sopa de cebolinha verde picada
- 2 colheres de sopa de pimentão verde picado
- 2 colheres de sopa de pimentão vermelho picado
- 1 colheres de sopa de salsa picada
- 4 colheres de azeite
- 2 colheres de sopa de vinagre ou suco de limão
- Uma pitada de molho de pimenta vermelha
- Sal a gosto

instruções:

a) Abra os mexilhões no vapor.

b) Coloque-os em uma panela grande com água. Tampe e cozinhe em fogo alto, mexendo a panela de vez em quando, até as conchas abrirem. Retire os mexilhões do fogo e descarte os que não abrirem.

c) Os mexilhões também podem ser aquecidos no micro-ondas para abri-los. Leve-os ao micro-ondas por um minuto na potência máxima em uma tigela própria para micro-ondas, parcialmente coberta.

d) Leve ao micro-ondas por mais um minuto depois de mexer. Retire os mexilhões que abriram e cozinhe por mais um minuto no micro-ondas. Remova os que estão abertos mais uma vez.

e) Remova e descarte as cascas vazias quando estiverem frias o suficiente para serem manuseadas.

f) Em uma bandeja de servir, coloque os mexilhões em uma cama de alface picada antes de servir.

g) Combine a cebola, pimentão verde e vermelho, salsa, óleo e vinagre em um prato de mistura.

h) Sal e molho de pimenta vermelha a gosto. Encha as conchas dos mexilhões até a metade com a mistura.

8. Pimentões recheados com arroz

Porções: 4

Ingredientes:

- 1 lb 2 oz de arroz espanhol de grão curto, como Bomba ou Calasparra
- 2-3 colheres de azeite
- 4 pimentões vermelhos grandes
- 1 pimentão vermelho pequeno, picado
- 1/2 cebola, picada
- 1/2 tomate sem pele e picado
- 5 onças de carne de porco picada / picada ou 3 onças de bacalhau
- Açafrão
- Salsa fresca picada
- Sal

instruções:

a) Raspe as membranas internas com uma colher de chá depois de cortar as pontas do caule das pimentas e guardá-las como tampas para reinserir mais tarde.

b) Aqueça o azeite e refogue delicadamente o pimentão vermelho até ficar macio.

c) Frite a cebola até ficar macia, em seguida, adicione a carne e doure-a levemente, adicionando o tomate após alguns minutos, em seguida, adicione a pimenta cozida, arroz cru, açafrão e salsa. Tempere com sal a gosto.

d) Recheie os pimentões com cuidado e coloque-os de lado em um refratário, tomando cuidado para não derramar o recheio.

e) Cozinhe o prato em forno quente por cerca de 1 1/2 horas, coberto.

f) O arroz é cozido nos fluidos de tomate e pimenta.

9. Lula com alecrim e óleo de pimenta

Porções: 4

Ingredientes:

- Azeite extra virgem
- 1 ramo de alecrim fresco
- 2 malaguetas vermelhas inteiras, sem sementes e picadas 150ml de natas
- 3 gemas
- 2 colheres de sopa de queijo parmesão ralado
- 2 colheres de farinha de trigo
- Sal e pimenta preta moída fresca
- 1 dente de alho, descascado e esmagado
- 1 colher de chá de orégano seco
- Óleo vegetal para fritar
- 6 Lulas, limpas e cortadas em anéis
- Sal

instruções:

a) Para fazer o molho, aqueça o azeite em uma panela pequena e misture o alecrim e a pimenta. Retire da equação.

b) Em uma tigela grande, misture o creme de leite, as gemas, o queijo parmesão, a farinha, o alho e o orégano. Misture até a massa ficar lisa. Tempere com pimenta preta, moída na hora.

c) Pré-aqueça o óleo a 200°C para fritar ou até que um cubo de pão doure em 30 segundos.

d) Mergulhe os anéis de lula, um de cada vez, na massa e coloque-os cuidadosamente no óleo. Cozinhe até dourar, cerca de 2-3 minutos.

e) Escorra em papel de cozinha e sirva imediatamente com o molho por cima. Se necessário, tempere com sal.

10. Salada de Tortellini

Porções: 8

Ingredientes:

- 1 pacote de tortellini de queijo tricolor
- ½ xícara de pepperoni em cubos
- ¼ xícara de cebolinha fatiada
- 1 pimentão verde picado
- 1 xícara de tomate cereja cortado ao meio
- 1¼ xícaras de azeitonas kalamata fatiadas
- ¾ xícara de corações de alcachofra marinados picados 6 oz. queijo mussarela em cubos 1/3 xícara de molho italiano

instruções:

a) Cozinhe o tortellini de acordo com as instruções da embalagem e escorra.

b) Misture o tortellini com os ingredientes restantes, excluindo o molho, em uma tigela grande.

c) Regue o molho por cima.

d) Reserve por 2 horas para gelar.

11. Salada de macarrão caprese

Porções: 8

Ingredientes:

- 2 xícaras de macarrão penne cozido
- 1 xícara de pesto
- 2 tomates picados
- 1 xícara de queijo mussarela em cubos
- Sal e pimenta a gosto
- 1/8 colheres de chá de orégano
- 2 colheres de chá de vinagre de vinho tinto

instruções:

a) Cozinhe a massa de acordo com as instruções da embalagem, o que deve levar cerca de 12 minutos. Ralo.

b) Em uma tigela grande, misture o macarrão, pesto, tomate e queijo; tempere com sal, pimenta e orégano.

c) Regue o vinagre de vinho tinto por cima.

d) Reserve por 1 hora na geladeira.

12. Bruschetta Balsâmica

Porções: 8

Ingredientes:

- 1 xícara de tomates Roma sem sementes e picados
- ¼ xícara de manjericão picado
- ½ xícara de queijo pecorino ralado
- 1 dente de alho picado
- 1 colher de vinagre balsâmico
- 1 colheres de chá de azeite
- Sal e pimenta a gosto – cuidado, pois o queijo é um pouco salgado por conta própria.
- 1 pão francês fatiado
- 3 colheres de azeite
- ¼ colheres de chá de alho em pó
- ¼ colheres de chá de manjericão

instruções:

a) Em um prato misturador, misture os tomates, manjericão, queijo pecorino e alho.

b) Em uma tigela pequena, misture o vinagre e 1 colher de sopa de azeite; ponha de lado. c) Regue as fatias de pão com azeite, alho em pó e manjericão.

c) Coloque em uma assadeira e brinde por 5 minutos a 350 graus.

d) Tire do forno. Em seguida, adicione a mistura de tomate e queijo por cima.

e) Se necessário, tempere com sal e pimenta.

f) Sirva imediatamente.

13. Bolas de pizza

Porções: 10

Ingredientes:

- 1 kg de salsicha moída esfarelada
- 2 xícaras de mistura de Bisquick
- 1 cebola picada
- 3 dentes de alho picados
- $\frac{3}{4}$ colheres de chá de tempero italiano
- 2 xícaras de queijo mussarela ralado
- 1 $\frac{1}{2}$ xícaras de molho de pizza - dividido
- $\frac{1}{4}$ xícara de queijo parmesão

instruções:

a) Pré-aqueça o forno a 400 graus Fahrenheit.

b) Prepare uma assadeira pulverizando-a com spray de cozinha antiaderente.

c) Misture a salsicha, mistura Bisquick, cebola, alho, tempero italiano, queijo mussarela e 12 xícaras de molho de pizza juntos em uma tigela.

d) Depois disso, adicione apenas água suficiente para torná-lo viável.

e) Enrole a massa em bolas de 1 polegada.

f) Regue o queijo parmesão sobre as bolas de pizza.

g) Depois disso, coloque as bolas na assadeira que você preparou.

h) Pré-aqueça o forno a 350 ° F e asse por 20 minutos.

i) Sirva com o molho de pizza restante ao lado para mergulhar.

14. Picadas de Vieira e Presunto

Porções: 8

Ingredientes:

- ½ xícara de presunto em fatias finas
- 3 colheres de sopa de requeijão
- 1 libra de vieiras
- 3 colheres de azeite
- 3 dentes de alho picados
- 3 colheres de sopa de queijo parmesão
- Sal e pimenta a gosto – cuidado, pois o presunto será salgado

instruções:

a) Aplique uma pequena camada de cream cheese em cada fatia de presunto.

b) Em seguida, enrole uma fatia de presunto em torno de cada vieira e prenda com um palito.

c) Em uma frigideira, aqueça o azeite.

d) Cozinhe o alho por 2 minutos em uma frigideira.

e) Adicione as vieiras embrulhadas em papel alumínio e cozinhe por 2 minutos de cada lado.

f) Espalhe o queijo parmesão por cima.

g) Adicione sal e pimenta a gosto se desejar.

h) Torça o excesso de líquido com uma toalha de papel.

15. Berinjela com mel

Porções: 2

Ingredientes:

- 3 colheres de mel
- 3 berinjelas
- 2 xícaras de leite
- 1 colheres de sal
- 1 colheres de pimenta
- 100g de Farinha
- 4 colheres de sopa de azeite

instruções:

a) Corte a berinjela em fatias finas.

b) Em um refratário, misture as berinjelas. Despeje leite suficiente na bacia para cobrir completamente as berinjelas. Tempere com uma pitada de sal.

c) Deixe pelo menos uma hora de molho.

d) Retire as berinjelas do leite e reserve. Usando farinha, cubra cada fatia. Cubra com uma mistura de sal e pimenta.

e) Em uma panela, aqueça o azeite. Frite as fatias de berinjela a 180 graus C.

f) Coloque as berinjelas fritas em papel toalha para absorver o excesso de óleo.

g) Regue as berinjelas com mel.

h) Servir.

16. Salsicha cozida em cidra

Porções: 3

Ingredientes:

- 2 xícaras de cidra de maçã
- 8 salsichas de chouriço
- 1 colheres de sopa de azeite

instruções:

a) Corte o chouriço em fatias finas.

b) Em uma panela, aqueça o azeite. Pré-aqueça o forno em temperatura média.

c) Jogue no chouriço. Frite até que a cor do alimento mude.

d) Despeje a cidra. Cozinhe por 10 minutos, ou até o molho engrossar um pouco.

e) O pão deve ser servido com este prato.

f) Aproveitar!!!

17. Picadas de pastel de frango italiano

Porções: 8 Pacotes

Ingrediente

- 1 lata de rolos crescentes (8 rolos)
- 1 xícara de frango desfiado e cozido
- 1 colher de sopa de molho de espaguete
- $\frac{1}{2}$ colher de chá de alho picado
- 1 colher de sopa de queijo mussarela

instruções:

a) Pré-aqueça o forno a 350 graus Fahrenheit. Misture o frango, o molho e o alho em uma frigideira e cozinhe até aquecer.

b) Triângulos feitos de rolos crescentes separados. Distribua a mistura de frango no centro de cada triângulo.

c) Se desejar, distribua o queijo de maneira semelhante.

d) Aperte as laterais do rolo e enrole ao redor do frango.

e) Em uma pedra de assar, leve ao forno por 15 minutos, ou até dourar.

18. espetadas de carne espanholas

Porções: 4 porções

Ingrediente

- ½ xícara de suco de laranja
- ¼ xícara de suco de tomate
- 2 colheres de chá de azeite
- 1 ½ colher de chá de suco de limão
- 1 colher de chá de orégano, seco
- ½ colher de chá de páprica
- ½ colher de chá de cominho, moído
- ¼ colher de chá de sal
- ¼ colher de chá Pimenta, preta
- 10 onças de carne magra desossada; cortado em cubos de 2"
- 1 cebola roxa média; corte em 8 gomos
- 8 cada tomate cereja

instruções:

a) Para fazer a marinada, misture suco de laranja e tomate, óleo, suco de limão, orégano, páprica, cominho, sal e pimenta em um saco plástico lacrado do tamanho de um galão.

b) Adicione os cubos de carne; selar o saco, pressionando o ar; gire para cobrir a carne.

c) Leve à geladeira por pelo menos 2 horas ou durante a noite, jogando o saco de vez em quando. Usando spray de cozinha antiaderente, cubra a grelha.

d) Coloque a grelha a 5 polegadas de distância das brasas. Siga as instruções do fabricante para grelhar.

e) Escorra o bife e reserve a marinada.

f) Usando 4 espetos de metal ou de bambu encharcados, enfie quantidades iguais de carne, cebola e tomate.

g) Grelhe kebabs por 15-20 minutos, ou até ficar ao seu gosto, girando e escovando com a marinada reservada com frequência.

19. Mistura de pipoca italiana crocante

Porções: 10 porções

Ingrediente

- 10 xícaras de pipoca estourada; 3,5 onças, saco de microondas é este valor
- 3 xícaras de salgadinhos de milho em formato de corneta
- $\frac{1}{4}$ xícara de margarina ou manteiga
- 1 colher de chá de tempero italiano
- $\frac{1}{2}$ colher de chá de alho em pó
- ⅓ xícara de queijo parmesão

instruções:

a) Em uma tigela grande para micro-ondas, misture pipoca e salgadinho de milho. Em uma medida micro-segura de 1 xícara, misture os ingredientes restantes, exceto o queijo.

b) Leve ao micro-ondas por 1 minuto em ALTO, ou até que a margarina derreta; mexer. Despeje a mistura de pipoca por cima.

c) Atire até que tudo esteja igualmente revestido. Leve ao microondas, descoberto, por 2-4 minutos, até tostar, mexendo a cada minuto. O queijo parmesão deve ser polvilhado por cima.

d) Servir quente.

20. bolas de Arancini

Faz 18

Ingredientes

- 2 colheres de azeite
- 15g de manteiga sem sal
- 1 cebola, finamente picada
- 1 dente de alho grande, esmagado
- 350g de arroz para risoto
- 150ml de vinho branco seco
- 1,2 l de caldo quente de frango ou legumes
- 150g de parmesão ralado fino
- 1 limão, raspas finas
- 150g de mussarela em bola, cortada em 18 pedaços pequenos
- óleo vegetal, para fritar

Para o revestimento

- 150g de farinha de trigo
- 3 ovos grandes, levemente batidos

- 150g de pão ralado fino

instruções:

a) Em uma panela, aqueça o óleo e a manteiga até espumar. Adicione a cebola e uma pitada de sal e cozinhe por 15 minutos, ou até ficar macia e translúcida, em fogo baixo.

b) Cozinhe por mais um minuto depois de adicionar o alho.

c) Adicione o arroz e cozinhe por mais um minuto antes de adicionar o vinho. Leve o líquido ao fogo e cozinhe até reduzir pela metade.

d) Despeje metade do caldo e continue a misturar até que a maior parte do líquido tenha sido absorvida.

e) À medida que o arroz absorve o líquido, adicione o caldo restante uma concha de cada vez, mexendo sempre, até que o arroz esteja cozido.

f) Adicione o parmesão e as raspas de limão e tempere com sal e pimenta a gosto. Coloque o risoto em uma bandeja com tampa e reserve para esfriar à temperatura ambiente.

g) Divida o risoto gelado em 18 partes iguais, cada uma do tamanho de uma bola de golfe.

h) Na palma da mão, achate uma bola de risoto e coloque um pedaço de mussarela no centro, depois enrole o queijo no arroz e forme uma bola.

i) Continue com as restantes bolas de risoto da mesma maneira.

j) Em três pratos rasos, misture a farinha, os ovos e a farinha de rosca. Cada bola de risoto deve ser enfarinhada primeiro, depois mergulhada nos ovos e, finalmente, na farinha de rosca. Coloque em um prato e reserve.

k) Encha uma panela grande de fundo grosso até a metade com óleo vegetal e aqueça em fogo médio-baixo até que um termômetro de cozimento marque 170°C ou um pedaço de pão fique dourado em 45 segundos.

l) Em lotes, abaixe as bolas de risoto no óleo e frite por 8-10 minutos, ou até dourar e derreter no centro.

m) Coloque em uma bandeja forrada com uma toalha de cozinha limpa e reserve.

n) Sirva os arancini quentes ou com um simples molho de tomate para mergulhá-los.

21. Manchego com Conserva de Laranja

Ingredientes

Rende cerca de 4 xícaras

- 1 cabeça de alho
- 1 1/2 xícaras de azeite, além de mais para regar
- sal Kosher
- 1 Sevilha ou laranja de umbigo
- 1/4 xícara de açúcar
- 1 libra de queijo Manchego jovem, cortado em pedaços de 3/4 de polegada
- 1 colher de alecrim bem picado
- 1 colher de sopa de tomilho bem picado
- Baguete torrada

instruções:

a) Pré-aqueça o forno a 350 graus Fahrenheit. um quarto de polegada "Retire a parte superior do bulbo de alho e coloque-o em um pedaço de papel alumínio. Tempere com sal e regue com azeite.

b) Embrulhe bem em papel alumínio e asse por 35 a 40 minutos, ou até que a pele esteja dourada e os cravos estejam macios. Deixar arrefecer. Esprema os dentes em uma grande bacia de mistura.

c) Ao mesmo tempo, corte 1/4 "Retire a parte superior e inferior da laranja e corte-a longitudinalmente. Retire a polpa de cada quarto da casca em um pedaço, excluindo o miolo branco (guarde as cascas).

d) Reserve o suco espremido da carne em uma pequena bacia.

e) Corte a casca em pedaços de um quarto de polegada e coloque em uma panela pequena com água fria suficiente para cobrir por uma polegada. Deixe ferver, depois escorra; faça isso mais duas vezes para se livrar da amargura.

f) Em uma panela, misture as cascas de laranja, o açúcar, o suco de laranja reservado e 1/2 xícara de água.

g) Leve para ferver; reduza o fogo para baixo e cozinhe, mexendo regularmente, por 20 a 30 minutos, ou até que as cascas estejam macias e o líquido fique xaroposo. Deixe a laranja em conserva esfriar.

h) Misture as conservas de laranja, Manchego, alecrim, tomilho e os restantes 1 1/2 xícaras de óleo na tigela com o alho. Leve à geladeira por pelo menos 12 horas após a cobertura.

i) Antes de servir com torradas, leve o Manchego marinado à temperatura ambiente.

22. Nachos italianos

Porções: 1

Ingredientes

Molho Alfredo

- 1 xícara meia e meia
- 1 xícara de creme pesado
- 2 colheres de manteiga sem sal
- 2 dentes de alho picados
- 1/2 xícara de parmesão
- Sal e pimenta
- 2 colheres de farinha

nachos

- Wrappers Wonton cortados em triângulos
- 1 Frango cozido e desfiado
- Pimentos salteados
- Queijo mussarela
- Azeitonas
- Salsa picada
- Queijo parmesão

- Óleo para fritar amendoim ou canola

instruções:

a) Adicione a manteiga sem sal a uma panela de molho e derreta em fogo médio.

b) Misture o alho até que toda a manteiga derreta.

c) Adicione a farinha rapidamente e mexa sem parar até que fique grumosa e dourada.

d) Em uma tigela, misture o creme de leite e meio e meio.

e) Deixe ferver, reduza para fogo baixo e cozinhe por 8-10 minutos, ou até engrossar.

f) Tempere com sal e pimenta.

g) Wontons: Aqueça o óleo em uma frigideira grande em fogo médio alto, cerca de 1/3 do caminho.

h) Adicione os wontons um de cada vez e aqueça até dourar no fundo, depois vire e cozinhe do outro lado.

i) Coloque uma toalha de papel sobre o ralo.

j) Pré-aqueça o forno a 350 ° F e forre uma assadeira com papel manteiga, seguido pelos wontons.

k) Adicione o molho Alfredo, frango, pimentão e queijo mussarela por cima.

l) Coloque sob o frango no forno por 5-8 minutos, ou até que o queijo esteja completamente derretido.

m) Retire do forno e cubra com azeitonas, parmesão e salsa.

23. Pintxo de frango

Porções 8

Ingredientes

- 1,8 libras de coxas de frango sem pele e desossadas cortadas em pedaços de 1"
- 1 colher de sopa de páprica defumada espanhola
- 1 colher de chá de orégano seco
- 2 colheres de chá de cominho moído
- 3/4 colher de chá de sal marinho
- 3 dentes de alho picados
- 3 colheres de salsa picada
- 1/4 xícara de azeite extra virgem
- Molho Chimichurri Vermelho

instruções:

a) Em uma bacia grande, misture todos os ingredientes e misture bem para cobrir os pedaços de frango. Deixe marinar durante a noite na geladeira.

b) Mergulhe os espetos de bambu por 30 minutos na água. Usando espetos, espeto pedaços de frango.

c) Grelhe por 8-10 minutos, ou até ficar bem cozido.

24. Embalagens de carne italiana

PORÇÕES 4

Ingredientes

- 1 colheres de chá de Azeite
- 1/2 xícara de pimentão verde, cortado em tiras
- 1/2 xícara de cebola, cortada em tiras
- 1/2 pepperoncini, em fatias finas
- 1/2 colheres de chá de tempero italiano
- 8 fatias de carne italiana Deli, 1/8" de espessura
- 8 palitos de queijo

instruções

a) Em uma frigideira média, aqueça o azeite em fogo médio. Combine o azeite e os seguintes quatro ingredientes em uma tigela. Cozinhe por 3-4 minutos, ou até ficar crocante.

b) Coloque a mistura em uma travessa e reserve por 15 minutos para esfriar.

c) Como montar: Em uma tábua de corte, coloque quatro fatias de carne italiana. Coloque 1 palito de queijo no centro de cada pedaço de carne, transversalmente.

d) Adicione parte da mistura de pimenta e cebola por cima. Dobre um lado da fatia de carne sobre a mistura de queijo e vegetais e, em seguida, enrole, com a costura para baixo.

e) Monte os rolinhos em uma travessa.

25. Roll-ups italianos de pepperoni

Porções 35

Ingredientes

- 5 tortilhas de farinha de 10" (tomate seco com espinafre ou farinha branca)
- 16 onças de queijo creme amolecido
- 2 colheres de chá de alho picado
- 1/2 xícara de creme de leite
- 1/2 xícara de queijo parmesão
- 1/2 xícara de queijo ralado italiano ou queijo mussarela
- 2 colheres de chá de tempero italiano
- 16 onças de fatias de pepperoni
- 3/4 xícara de pimentão amarelo e laranja bem picado
- 1/2 xícara de cogumelos frescos bem picados

instruções:

a) Na batedeira, bata o cream cheese até ficar homogêneo. Combine o alho, creme de leite, queijos e tempero italiano em uma tigela. Misture até que tudo esteja bem misturado.

b) Espalhe a mistura uniformemente entre as 5 tortilhas de farinha. Cubra toda a tortilha com a mistura de queijo.

c) Coloque uma camada de pepperoni sobre a mistura de queijo.

d) Sobreponha o pepperoni com os pimentões e os cogumelos cortados grosseiramente.

e) Enrole bem cada tortilha e envolva-a em filme plástico.

f) Reserve por pelo menos 2 horas na geladeira.

PRATO PRINCIPAL MEDITERRÂNEO

26. Arroz espanhol italiano

Porções: 6

Ingredientes:

- 1- lata de 28 onças de tomate italiano em cubos ou esmagado
- 3 xícaras de qualquer tipo de arroz branco de grãos longos cozido no vapor cozido na embalagem
- 3 colheres de sopa de óleo de canola ou vegetal
- 1 pimentão fatiado e limpo
- 2 dentes de alho fresco picados
- 1/2 xícara de vinho tinto ou vegetal ou caldo
- 2 colheres de sopa de salsa fresca picada
- 1/2 colher de chá de orégano seco e manjericão seco
- sal, pimenta, caiena a gosto
- Guarnição: queijo parmesão ralado e queijo romano
- Além disso, você pode adicionar quaisquer sobras cozidas que estejam desossadas: bife em cubos, costeletas de

porco em cubos, frango em cubos ou tente usar almôndegas trituradas ou linguiça italiana cozida fatiada.

- Legumes opcionais: abobrinha em cubos, cogumelos fatiados, cenoura ralada, ervilha ou qualquer outro tipo de vegetal que você preferir.

instruções:

a) Adicione o azeite, os pimentões e o alho a uma frigideira grande e cozinhe por 1 minuto.

b) Adicione os tomates picados ou esmagados, o vinho e os ingredientes restantes na panela.

c) Cozinhe por 35 minutos, ou mais se você estiver adicionando mais vegetais.

d) Se estiver usando, adicione qualquer carne preparada e aqueça no molho por cerca de 5 minutos antes de envolver o arroz branco cozido.

e) Além disso, se estiver usando, a carne já está cozida e só precisa ser aquecida no molho.

f) Para servir, coloque o molho em uma travessa com o arroz misto e cubra com queijo ralado e salsa fresca.

27. Paella Twist Italiana

Serve: 4

Ingredientes

- 2 coxas de frango, com pele, douradas
- 2 coxas de frango, com pele, douradas
- 3 pedaços grandes de salsichas italianas, douradas e cortadas em pedaços de 1 polegada
- 1 pimentão vermelho e amarelo, cortado em tiras e pré-torrado
- 1 maço de brócolis baby, pré-cozido
- $1\frac{1}{2}$ xícaras de arroz, um grão curto como carnaroli ou arborio
- 4 xícaras de caldo de galinha, aquecido
- 1 xícara de purê de pimentão vermelho assado
- $\frac{1}{4}$ xícara de vinho branco seco
- 1 cebola média, em cubos grandes
- 4 dentes de alho grandes, raspados
- queijo parmesão ralado ou romano
- azeite

instruções:

a) Comece dourando os pedaços de frango em uma panela de paella, obtendo uma boa crosta dos dois lados e quase cozinhando, mas não completamente, depois reserve.

b) Limpe qualquer óleo extra da panela e, em seguida, limpe o excesso de óleo dos elos de salsicha.

c) Em uma frigideira grande, regue o azeite, adicione o alho e a cebola raspados e refogue até ficarem macios e dourados.

d) Adicione o vinho e deixe ferver por um minuto.

e) Combine todo o arroz com metade do purê de pimenta vermelha ou um pouco mais. Misture até cobrir uniformemente e pressione a mistura de arroz no fundo da panela.

f) Adicione um pouco de queijo ralado, sal e pimenta ao arroz.

g) Disponha os pedaços de salsicha, juntamente com os pedaços de frango, ao redor da panela.

h) Arrume os legumes restantes ao redor da carne de forma criativa.

i) Coloque todas as 4 xícaras de caldo quente por cima com cuidado.

j) Usando um pincel de pastelaria, pincele purê de pimenta vermelha extra em cima do frango para mais sabor, pontilhando um pouco mais ao redor, se desejar.

k) Cozinhe em fogo baixo, frouxamente coberto com papel alumínio, até que a umidade evapore.

l) Pré-aqueça o forno a 375 ° F e asse a panela coberta por 15 a 20 minutos para garantir que a carne esteja cozida.

m) Continue a cozinhar em cima do fogão até que o arroz esteja macio.

n) O tempo todo deve ser em torno de 45 minutos.

o) Deixe por alguns minutos para esfriar.

p) Decore com manjericão fresco e salsa picada.

28. salada de batata espanhola

Serve: 4

Ingredientes:

- 3 batatas médias (16 onças)
- 1 cenoura grande (3 onças), cortada em cubos
- 5 colheres de sopa de ervilhas verdes descascadas
- 2/3 xícara (4 onças) de feijão verde
- 1/2 cebola média, picada
- 1 pimentão vermelho pequeno, picado
- 4 pepinos de coquetel, fatiados
- 2 colheres de sopa de alcaparras
- 12 azeitonas recheadas com anchovas
- 1 ovo cozido em fatias finas 2/3 xícara (5 fl. oz) de maionese
- 1 colher de suco de limão
- 1 colher de chá de mostarda Dijon
- Pimenta preta moída na hora, a gosto Salsinha fresca picada, para guarnecer

instruções:

a) Cozinhe as batatas e as cenouras em água levemente salgada em uma panela. Deixe ferver, reduza para fogo baixo e cozinhe até ficar quase macio.

b) Adicione as ervilhas e o feijão e cozinhe, mexendo de vez em quando, até que todos os legumes estejam macios. Escorra os legumes e coloque-os num prato para servir.

c) Em uma tigela grande, misture a cebola, a pimenta, os pepinos, as alcaparras, as azeitonas recheadas com anchovas e os pedaços de ovo.

d) Combine a maionese, suco de limão e mostarda em uma tigela separada completamente. Despeje esta mistura no prato de servir e mexa bem para cobrir todos os ingredientes. Tempere com uma pitada de sal e pimenta.

e) Leve à geladeira depois de decorar com salsa picada.

f) Para realçar o sabor da salada, deixe-a descansar em temperatura ambiente por cerca de 1 hora antes de servir.

29. Carbonara espanhola

Serve: 2-3

Ingredientes

- 1 chouriço pequeno em cubos
- 1 dente de alho bem picadinho
- 1 tomate pequeno em cubos
- 1 lata de grão de bico
- temperos secos: sal, pimenta em flocos, orégano, semente de erva-doce, anis estrelado
- pimentão (paprika) para os ovos
- azeite extra virgem
- 2 ovos
- 4-6 onças. massa
- queijo italiano de boa qualidade

instruções:

a) Em uma pequena quantidade de azeite, refogue o alho, o tomate e o chouriço por alguns minutos, depois adicione o feijão e os temperos líquidos e secos. Deixe ferver e, em seguida, reduza o fogo para baixo até que o líquido tenha reduzido pela metade.

b) Enquanto isso, ferva a água do macarrão e prepare os ovos para serem colocados na panela com os garbanzos e no forno pré-aquecido. Para adicionar aquele sabor espanhol, polvilhe-os com a mistura de especiarias e pimentão preparados.

c) Agora é o momento ideal para colocar a massa na panela enquanto a panela está no forno e a água fervendo. Ambos devem estar prontos ao mesmo tempo.

30. Almôndegas ao molho de tomate

Serve: 4

Ingredientes:

- 2 colheres de azeite
- 8 onças de carne moída
- 1 xícara (2 onças) de farinha de rosca branca fresca
- 2 colheres de sopa de queijo manchego ou parmesão ralado
- 1 colher de pasta de tomate
- 3 dentes de alho bem picados
- 2 cebolinhas, bem picadas
- 2 colheres de chá de tomilho fresco picado
- 1/2 colher de chá de cúrcuma
- Sal e pimenta a gosto
- 2 xícaras (16 onças) de tomates ameixa enlatados, picados
- 2 colheres de vinho tinto

- 2 colheres de chá de folhas de manjericão fresco picadas
- 2 colheres de chá de alecrim fresco picado

instruções:

a) Combine a carne, pão ralado, queijo, pasta de tomate, alho, cebolinha, ovo, tomilho, açafrão, sal e pimenta em uma tigela.

b) Forme a mistura em 12 a 15 bolas firmes com as mãos.

c) Em uma frigideira, aqueça o azeite em fogo médio-alto. Cozinhe por alguns minutos, ou até que as almôndegas estejam douradas de todos os lados.

d) Em uma tigela grande, misture os tomates, o vinho, o manjericão e o alecrim. Cozinhe, mexendo ocasionalmente, por cerca de 20 minutos, ou até que as almôndegas estejam prontas.

e) Sal e pimenta generosamente, em seguida, sirva com rapini, espaguete ou pão escaldados.

31. Sopa de Feijão Branco

Porções: 4

Ingredientes:

- 1 cebola picada
- 2 colheres de azeite
- 2 talos de aipo picados
- 3 dentes de alho picados
- 4 xícaras de feijão canelone enlatado
- 4 xícaras de caldo de galinha
- Sal e pimenta a gosto
- 1 colher de chá de alecrim fresco
- 1 xícara de floretes de brócolis
- 1 colher de sopa de óleo de trufas
- 3 colheres de sopa de queijo parmesão ralado

instruções:

a) Em uma panela grande, aqueça o azeite.

b) Cozinhe o aipo e a cebola por cerca de 5 minutos em uma frigideira.

c) Adicione o alho e mexa para combinar. Cozinhe por mais 30 segundos.

d) Misture o feijão, 2 xícaras de caldo de galinha, alecrim, sal e pimenta, bem como o brócolis.

e) Deixe o líquido ferver e, em seguida, reduza para fogo baixo por 20 minutos.

f) Bata a sopa com a varinha mágica até atingir a lisura desejada.

g) Reduza o fogo para baixo e polvilhe o azeite de trufas.

h) Coloque a sopa em pratos e polvilhe com queijo parmesão antes de servir.

32. sopa de peixe

Porções: 8

Ingredientes:

- 32 onças. pode tomate em cubos
- 2 colheres de azeite
- ¼ xícara de aipo picado
- ½ xícara de caldo de peixe
- ½ xícara de vinho branco
- 1 xícara de suco V8 picante
- 1 pimentão verde picado
- 1 cebola picada
- 4 dentes de alho picados
- Sal a pimenta a gosto
- 1 colher de chá de tempero italiano
- 2 cenouras descascadas e fatiadas
- 2 ½ kg de tilápia cortada
- ½ libra de camarão descascado e limpo

instruções:

a) Em sua panela grande, aqueça o azeite primeiro.

b) Cozinhe o pimentão, a cebola e o aipo por 5 minutos em uma frigideira quente.

c) Depois disso, adicione o alho. Cozinhe por 1 minuto depois disso.

d) Em uma tigela grande, misture todos os ingredientes restantes, exceto os frutos do mar.

e) Cozinhe o ensopado por 40 minutos em fogo baixo.

f) Adicione a tilápia e o camarão e mexa para combinar.

g) Cozinhe por mais 5 minutos.

h) Prove e ajuste os temperos antes de servir.

33. Pasta e Fagioli

Porções: 10

Ingredientes:

- 1 ½ libra de carne moída
- 2 cebolas picadas
- ½ colher de chá de flocos de pimenta vermelha
- 3 colheres de azeite
- 4 talos de aipo picados
- 2 dentes de alho picados
- 5 xícaras de caldo de galinha
- 1 xícara de molho de tomate
- 3 colheres de pasta de tomate
- 2 colheres de chá de orégano
- 1 colheres de chá de manjericão
- Sal e pimenta a gosto
- 1 15 onças. lata de feijão canelone
- 2 xícaras de massa italiana pequena cozida

instruções:

a) Em uma panela grande, doure a carne por 5 minutos, ou até não ficar mais rosada. Retire da equação.

b) Em uma frigideira grande, aqueça o azeite e refogue a cebola, o aipo e o alho por 5 minutos.

c) Adicione o caldo, molho de tomate, pasta de tomate, sal, pimenta, manjericão e flocos de pimenta vermelha e mexa para combinar.

d) Coloque a tampa na panela. A sopa deve então ser deixada cozinhar por 1 hora.

e) Adicione a carne e cozinhe por mais 15 minutos.

f) Adicione o feijão e mexa para combinar. Depois disso, cozinhe por 5 minutos em fogo baixo.

g) Misture o macarrão cozido e cozinhe por 3 minutos, ou até aquecer.

34. Sopa de Almôndegas e Tortellini

Porções: 6

Ingredientes:

- 2 colheres de azeite
- 1 cebola em cubos
- 3 dentes de alho picados
- Sal e pimenta a gosto
- 8 xícaras de caldo de galinha
- 1 ½ xícaras de tomates em cubos enlatados
- 1 xícara de couve picada
- 1 xícara de ervilhas descongeladas
- 1 colheres de chá de manjericão triturado
- 1 colher de chá de orégano
- 1 folha de louro
- 1 libra de almôndegas descongeladas - qualquer tipo
- 1 libra de tortellini de queijo fresco
- ¼ xícara de queijo parmesão ralado

instruções:

a) Em uma panela grande, aqueça o azeite e refogue a cebola e o alho por 5 minutos.

b) Em uma panela grande, misture o caldo de galinha, tomate picado, couve, ervilha, manjericão, orégano, sal, pimenta e louro.

c) Leve o líquido para ferver em seguida. Depois disso, cozinhe por 5 minutos em fogo baixo.

d) Retire a folha de louro e jogue-a fora.

e) Cozinhe por mais 5 minutos depois de adicionar as almôndegas e o tortellini.

f) Por último, mas não menos importante, sirva em tigelas com queijo ralado por cima.

35. Frango Marsala

Porções: 4

Ingredientes:

- ¼ xícara de farinha
- Sal e pimenta a gosto
- ½ colheres de chá de tomilho
- 4 peitos de frango desossados, amassados
- ¼ xícara de manteiga
- ¼ xícara de azeite
- 2 dentes de alho picados
- 1 ½ xícaras de cogumelos fatiados
- 1 cebola pequena em cubos
- 1 xícara de marsala
- ¼ xícara meia e meia ou creme de leite

instruções:

a) Em uma tigela, misture a farinha, sal, pimenta e tomilho.

b) Em uma tigela separada, passe os peitos de frango na mistura.

c) Em uma frigideira grande, derreta a manteiga e o óleo.

d) Cozinhe o alho por 3 minutos em uma frigideira.

e) Coloque o frango e cozinhe por 4 minutos de cada lado.

f) Em uma frigideira, misture os cogumelos, a cebola e o marsala.

g) Cozinhe o frango por 10 minutos em fogo baixo.

h) Transfira o frango para um prato de servir.

i) Misture o creme meio-e-meio ou pesado. Então, enquanto cozinha em alta por 3 minutos, mexa constantemente.

j) Regue o frango com o molho.

36. Frango Cheddar Alho

Porções: 8

Ingredientes:

- ¼ xícara de manteiga
- ¼ xícara de azeite
- ½ xícara de queijo parmesão ralado
- ½ xícara de farinha de rosca Panko
- ½ xícara de biscoito Ritz triturado
- 3 dentes de alho picados
- 1 ¼ de queijo cheddar afiado
- ¼ colheres de chá de tempero italiano
- Sal e pimenta a gosto
- ¼ xícara de farinha
- 8 peitos de frango

instruções:

a) Pré-aqueça o forno a 350 graus Fahrenheit.

b) Em uma frigideira, derreta a manteiga e o azeite e refogue o alho por 5 minutos.

c) Em uma tigela grande, misture a farinha de rosca, os biscoitos quebrados, os dois queijos, os temperos, o sal e a pimenta.

d) Mergulhe cada pedaço de frango na mistura de manteiga/azeite o mais rápido possível.

e) Enfarinhe o frango e mergulhe nele.

f) Pré-aqueça o forno a 350 ° F e cubra o frango com a mistura de farinha de rosca.

g) Coloque cada pedaço de frango em uma assadeira.

h) Regue a mistura de manteiga/óleo por cima.

i) Pré-aqueça o forno a 350 ° F e asse por 30 minutos.

j) Para mais crocância, coloque sob a grelha por 2 minutos.

37. Frango Fettuccine Alfredo

Porções: 8

Ingredientes:

- 1 libra de macarrão fettuccine
- 6 peitos de frango desossados e sem pele, bem cortados em cubos ¾ xícara de manteiga, divididos
- 5 dentes de alho picados
- 1 colheres de chá de tomilho
- 1 colher de chá de orégano
- 1 cebola em cubos
- 1 xícara de cogumelos fatiados
- ½ xícara de farinha
- Sal e pimenta a gosto
- 3 xícaras de leite integral
- 1 xícara de creme de leite
- ¼ xícara de queijo gruyère ralado
- ¾ xícara de queijo parmesão ralado

instruções:

a) Pré-aqueça o forno a 350 ° F e cozinhe o macarrão de acordo com as instruções da embalagem, cerca de 10 minutos.

b) Em uma frigideira, derreta 2 colheres de manteiga e adicione os cubos de frango, alho, tomilho e orégano, cozinhando em fogo baixo por 5 minutos, ou até que o frango não esteja mais rosado. Remover.

c) Na mesma frigideira, derreta as 4 colheres de manteiga restantes e refogue a cebola e os cogumelos.

d) Misture a farinha, o sal e a pimenta por 3 minutos.

e) Adicione o creme de leite e o leite. Mexa por mais 2 minutos.

f) Misture o queijo por 3 minutos em fogo baixo.

g) Retorne o frango para a frigideira e tempere a gosto.

h) Cozinhe por 3 minutos em fogo baixo.

i) Despeje o molho sobre o macarrão.

38. Ziti com linguiça

Porções: 8

Ingredientes:

- 1 libra de salsicha italiana desintegrada
- 1 xícara de cogumelos fatiados
- ½ xícara de aipo em cubos
- 1 cebola em cubos
- 3 dentes de alho picados
- 42 onças. molho de espaguete comprado na loja ou caseiro
- Sal e pimenta a gosto
- ½ colheres de chá de orégano
- ½ colheres de chá de manjericão
- 1 libra de macarrão ziti cru
- 1 xícara de queijo mussarela ralado
- ½ xícara de queijo parmesão ralado
- 3 colheres de salsa picada

instruções:

a) Em uma frigideira, doure a linguiça, os cogumelos, a cebola e o aipo por 5 minutos.

b) Depois disso, adicione o alho. Cozinhe por mais 3 minutos. Retire da equação.

c) Adicione o molho de espaguete, sal, pimenta, orégano e manjericão em uma frigideira separada.

d) Cozinhe o molho por 15 minutos.

e) Prepare a massa em uma panela de acordo com as instruções da embalagem enquanto o molho cozinha. Ralo.

f) Pré-aqueça o forno a 350 graus Fahrenheit.

g) Em uma assadeira, coloque o ziti, a mistura de linguiça e a mussarela ralada em duas camadas.

h) Polvilhe a salsinha e o queijo parmesão por cima.

i) Pré-aqueça o forno a 350 º F e asse por 25 minutos.

39. Salsicha e Pimenta

Porções: 4

Ingredientes:

- 1 pacote de espaguete
- 1 colheres de sopa de azeite
- 4 linguiças italianas doces cortadas em pedaços pequenos
- 2 pimentões vermelhos cortados em tiras.
- 2 pimentões verdes cortados em tiras
- 2 pimentões laranja cortados em tiras
- 3 dentes de alho picados
- 1 colher de chá de tempero italiano
- Sal e pimenta a gosto
- 3 colheres de sopa de azeite virgem
- 12 oz. tomates em cubos enlatados
- 3 colheres de vinho tinto
- 1/3 xícara de salsa picada
- ¼ xícara de queijo ralado Asiago

instruções:

a) Cozinhe o espaguete de acordo com as instruções da embalagem, o que deve levar cerca de 5 minutos. Escorra b) Numa frigideira, aqueça o azeite e doure as salsichas durante 5 minutos.

b) Coloque a salsicha em uma travessa.

c) Adicione os pimentões, alho, tempero italiano, sal e pimenta na mesma frigideira.

d) Regue 3 colheres de sopa de azeite sobre os pimentões.

e) Adicione os tomates picados e o vinho e mexa para combinar.

f) Refogue por um total de 10 minutos.

g) Ajuste o tempero misturando o espaguete com os pimentões.

h) Adicione a salsa e o queijo Asiago por cima.

40. Lasanha picante

Porções: 4

Ingredientes:

- 1 ½ libra de salsicha italiana apimentada esfarelada
- 5 xícaras de molho de espaguete comprado na loja
- 1 xícara de molho de tomate
- 1 colher de chá de tempero italiano
- ½ xícara de vinho tinto
- 1 colheres de açúcar
- 1 colheres de óleo
- 5 luvas de alho picado
- 1 cebola em cubos
- 1 xícara de queijo mussarela ralado
- 1 xícara de queijo provolone ralado
- 2 xícaras de ricota
- 1 xícara de requeijão
- 2 ovos grandes

- ¼ xícara de leite
- 9 noodles lasanha noodles – parboilizado
- ¼ xícara de queijo parmesão ralado

instruções:

a) Pré-aqueça o forno a 375 graus Fahrenheit.

b) Em uma frigideira, doure a linguiça esfarelada por 5 minutos. Qualquer graxa deve ser descartada.

c) Em uma panela grande, misture o molho de macarrão, molho de tomate, tempero italiano, vinho tinto e açúcar e misture bem.

d) Em uma frigideira, aqueça o azeite. Em seguida, por 5 minutos, refogue o alho e a cebola.

e) Incorpore a salsicha, o alho e a cebola no molho.

f) Depois disso, tampe a panela e deixe cozinhar por 45 minutos.

g) Em um refratário, misture os queijos mussarela e provolone.

h) Em uma tigela separada, misture a ricota, o queijo cottage, os ovos e o leite.

i) Em uma assadeira de 9 x 13, despeje 12 xícaras de molho no fundo do prato.

j) Agora organize o macarrão, molho, ricota e mussarela na assadeira em três camadas.

k) Espalhe o queijo parmesão por cima.

l) Asse em uma travessa tampada por 30 minutos.

m) Asse por mais 15 minutos depois de descobrir o prato.

41. Jantar de frutos do mar Diavolo

Porções: 4

Ingredientes:

- 1 libra. camarão grande descascado e limpo
- ½ libra de vieiras grelhadas
- 3 colheres de azeite
- ½ colher de chá de flocos de pimenta vermelha
- Sal a gosto
- 1 cebola pequena fatiada
- ½ colheres de chá de tomilho
- ½ colheres de chá de orégano
- 2 filés de anchovas amassados
- 2 colheres de pasta de tomate
- 4 dentes de alho picados
- 1 xícara de vinho branco
- 1 colher de chá de suco de limão
- 2 ½ xícaras de tomates picados

- 5 colheres de salsa

instruções:

a) Em uma travessa, misture o camarão, as vieiras, o azeite, os flocos de pimenta vermelha e o sal.

b) Pré-aqueça a frigideira a 350 ° F. Por 3 minutos, refogue os frutos do mar em camadas únicas. Isso é algo que pode ser feito em cachos.

c) Coloque os camarões e as vieiras em um prato de servir.

d) Reaqueça a frigideira.

e) Por 2 minutos, refogue a cebola, as ervas, os filés de anchova e o extrato de tomate.

f) Misture o vinho, o suco de limão e os tomates picados em uma tigela.

g) Leve ao fogo o líquido.

h) Defina a temperatura para um nível baixo. Cozinhe por 15 minutos depois disso.

i) Retorne os frutos do mar para a frigideira, junto com a salsinha.

j) Cozinhe por 5 minutos em fogo baixo.

42. Linguine e Camarão Scampi

Porções: 6

Ingredientes:

- 1 pacote de macarrão linguine
- ¼ xícara de manteiga
- 1 pimentão vermelho picado
- 5 dentes de alho picados
- 45 camarões grandes crus descascados e limpos ½ xícara de vinho branco seco ¼ xícara de caldo de galinha
- 2 colheres de sopa de suco de limão
- ¼ xícara de manteiga
- 1 colheres de chá de flocos de pimenta vermelha esmagados
- ½ colheres de chá de açafrão
- ¼ xícara de salsa picada
- Sal a gosto

instruções:

a) Cozinhe a massa de acordo com as instruções da embalagem, o que deve levar cerca de 10 minutos.

b) Escorra a água e reserve.

c) Em uma frigideira grande, derreta a manteiga.

d) Cozinhe o pimentão e o alho em uma frigideira por 5 minutos.

e) Adicione o camarão e continue refogando por mais 5 minutos.

f) Retire os camarões para uma travessa, mas guarde o alho e a pimenta na frigideira.

g) Ferva o vinho branco, o caldo e o suco de limão.

h) Retorne o camarão à frigideira com mais 14 xícaras de melhor.

i) Adicione os flocos de pimenta vermelha, açafrão e salsa e tempere a gosto com sal.

j) Cozinhe por 5 minutos depois de misturar com o macarrão.

43. Camarão ao molho pesto

Porções: 6

Ingredientes:

- 1 pacote de macarrão linguine
- 1 colheres de sopa de azeite
- 1 cebola picada
- 1 xícara de cogumelos fatiados
- 6 dentes de alho picados
- ½ xícara de manteiga
- Sal e pimenta a gosto
- ½ colher de chá de pimenta caiena
- 1 3/4 xícaras de Pecorino Romano ralado
- 3 colheres de farinha
- ½ xícara de creme de leite
- 1 xícara de pesto
- 1 libra de camarão cozido, descascado e limpo

instruções:

a) Cozinhe a massa de acordo com as instruções da embalagem, o que deve levar cerca de 10 minutos. Ralo.

b) Em uma frigideira, aqueça o azeite e refogue a cebola e os cogumelos por 5 minutos.

c) Cozinhe por 1 minuto depois de misturar o alho e a manteiga.

d) Em uma frigideira, despeje o creme de leite e tempere com sal, pimenta e pimenta caiena.

e) Refogue por mais 5 minutos.

f) Adicione o queijo e mexa para combinar. Continue a bater até o queijo derreter.

g) Depois, para engrossar o molho, misture a farinha.

h) Cozinhe por 5 minutos com o pesto e os camarões.

i) Cubra a massa com o molho.

44. Sopa de Peixe e Chouriço

Porções: 4

Ingredientes:

- 2 cabeças de peixe (usadas para cozinhar caldo de peixe)
- 500g de filés de peixe cortados em pedaços
- 1 cebola
- 1 dente de alho
- 1 xícara de vinho branco
- 2 colheres de azeite
- 1 punhado de salsa (picada)
- 2 xícaras de caldo de peixe
- 1 punhado de orégano (picado)
- 1 colheres de sal
- 1 colheres de pimenta
- 1 aipo
- 2 latas de tomate (tomate)
- 2 pimentões vermelhos

- 2 salsichas de chouriço
- 1 colher de sopa de páprica
- 2 folhas de louro

instruções:

a) Limpe a cabeça do peixe. As brânquias devem ser removidas. Tempere com sal. Cozinhe por 20 minutos em temperatura baixa. Retire da equação.

b) Em uma panela, despeje o azeite. Misture a cebola, as folhas de louro, o alho, o chouriço e a páprica em uma tigela grande. 7 minutos no forno

c) Em uma tigela grande, misture os pimentões vermelhos, tomates, aipo, pimenta, sal, orégano, caldo de peixe e vinho branco.

d) Cozinhe por um total de 10 minutos.

e) Jogue no peixe. 4 minutos no forno

f) Use o arroz como acompanhamento.

g) Adicione salsa como enfeite.

45. Ratatouille espanhol

Porções: 4

Ingredientes:

- 1 pimentão vermelho (picado)
- 1 cebola de tamanho médio (fatiada ou picada)
- 1 dente de alho
- 1 Abobrinha (picada)
- 1 pimentão verde (picado)
- 1 colheres de sal
- 1 colheres de pimenta
- 1 lata de tomate (picado)
- 3 colheres de azeite
- 1 gota de vinho branco
- 1 punhado de salsa fresca

instruções:

a) Em uma panela, despeje o azeite.

b) Jogue as cebolas. Deixe 4 minutos de fritura em fogo médio.

c) Junte o alho e os pimentões. Deixe por mais 2 minutos de fritura.

d) Junte a abobrinha, os tomates, o vinho branco e tempere a gosto com sal e pimenta.

e) Cozinhe por 30 minutos ou até terminar.

f) Decore com salsa, se desejar.

g) Sirva com arroz ou torradas como acompanhamento.

h) Aproveitar!!!

46. Ensopado de feijão e chouriço

Porções: 3

Ingredientes:

- 1 cenoura (picada)
- 3 colheres de azeite
- 1 cebola de tamanho médio
- 1 pimentão vermelho
- 400g de favas secas
- 300 gramas de chouriço
- 1 pimentão verde
- 1 xícara de salsa (picada)
- 300g de tomate (picado)
- 2 xícaras de caldo de galinha
- 300 gramas de coxas de frango (filés)
- 6 dentes de alho
- 1 batata média (cortada em cubos)
- 2 colheres de tomilho
- 2 colheres de sal a gosto

- 1 colheres de pimenta

instruções:

a) Em uma panela, despeje o óleo vegetal. Jogue na cebola. Deixe 2 minutos de fritura em fogo médio.

b) Em uma tigela grande, misture o alho, a cenoura, o pimentão, o chouriço e as coxas de frango. Deixe 10 minutos para cozinhar.

c) Junte o tomilho, o caldo de galinha, o feijão, a batata, os tomates, a salsa e tempere a gosto com sal e pimenta.

d) Cozinhe por 30 minutos, ou até o feijão ficar macio e o ensopado engrossar.

47. Gaspacho

Porções: 6

Ingredientes:

- 2 kg de tomates maduros, picados
- 1 pimentão vermelho (picado)
- 2 dentes de alho (moído)
- 1 colheres de sal
- 1 colheres de pimenta
- 1 colher de sopa de cominho (moído)
- 1 xícara de cebola roxa (picada)
- 1 pimenta Jalapeno grande
- 1 xícara de azeite
- 1 limão 1 pepino médio
- 2 colheres de vinagre
- 1 xícara de tomate (suco)
- 1 colher de sopa de molho inglês
- 2 colheres de sopa de manjericão fresco (cortado)
- 2 fatias de pão

instruções:

a) Em uma tigela, misture pepino, tomate, pimentão, cebola, alho, jalapeño, sal e cominho. Misture tudo completamente.

b) Em um liquidificador, misture o azeite, o vinagre, o molho inglês, o suco de limão, o suco de tomate e o pão. Misture até que a mistura esteja completamente lisa.

c) Incorpore a mistura misturada na mistura original usando uma peneira.

d) Certifique-se de combinar tudo completamente.

e) Coloque metade da mistura no liquidificador e bata. Misture até que a mistura esteja completamente lisa.

f) Retorne a mistura misturada ao restante da mistura. Misture tudo completamente.

g) Refrigere a tigela por 2 horas depois de cobri-la.

h) Após 2 horas, retire a tigela. Tempere a mistura com sal e pimenta. Polvilhe manjericão em cima do prato.

i) Servir.

48. Lula e Arroz

Porções: 4

Ingredientes:

- 6 onças. frutos do mar (qualquer um de sua escolha)
- 3 dentes de alho
- 1 cebola média (fatiada)
- 3 colheres de azeite
- 1 pimentão verde (fatiado)
- 1 colher de sopa de tinta de lula
- 1 maço de salsa
- 2 colheres de páprica
- 550 gramas de lula (limpa)
- 1 colheres de sal
- 2 aipo (em cubos)
- 1 folha de louro fresca
- 2 tomates médios (ralados)
- 300g de arroz de calasparra
- 125ml de vinho branco

- 2 xícaras de caldo de peixe
- 1 limão

instruções:

a) Em uma frigideira, despeje o azeite. Misture a cebola, a folha de louro, a pimenta e o alho em uma tigela. Deixe alguns minutos de fritura.

b) Junte as lulas e os frutos do mar. Cozinhe por alguns minutos e, em seguida, retire a lula/marisco.

c) Em uma tigela grande, misture a páprica, os tomates, o sal, o aipo, o vinho e a salsa. Aguarde 5 minutos para que os legumes terminem de cozinhar.

d) Jogue o arroz lavado na panela. Combine o caldo de peixe e a tinta de lula em uma tigela.

e) Cozinhe por um total de 10 minutos. Combine os frutos do mar e as lulas em uma tigela grande.

f) Cozinhe por mais 5 minutos.

g) Sirva com aioli ou limão.

49. Ensopado de coelho em tomate

Porções: 5

Ingredientes:

- 1 coelho inteiro, cortado em pedaços
- 1 folha de louro
- 2 cebolas grandes
- 3 dentes de alho
- 2 colheres de azeite
- 1 colher de sopa de páprica doce
- 2 ramos de alecrim fresco
- 1 lata de tomate
- 1 ramo de tomilho
- 1 xícara de vinho branco
- 1 colheres de sal
- 1 colheres de pimenta

instruções:

a) Em uma frigideira, aqueça o azeite em fogo médio-alto.

b) Pré-aqueça o óleo e adicione os pedaços de coelho. Frite até que os pedaços estejam uniformemente dourados.

c) Remova-o assim que terminar.

d) Adicione a cebola e o alho na mesma panela. Cozinhe até ficar completamente macio.

e) Em uma tigela grande, misture o tomilho, páprica, alecrim, sal, pimenta, tomate e folha de louro. Deixe 5 minutos para cozinhar.

f) Misture os pedaços de coelho com o vinho. Cozinhe, tampado, por 2 horas, ou até que os pedaços de coelho estejam cozidos e o molho tenha engrossado.

g) Sirva com batatas fritas ou torradas.

50. Camarões com Funcho

Porções: 3

Ingredientes:

- 1 colheres de sal
- 1 colheres de pimenta
- 2 dentes de alho (cortados)
- 2 colheres de azeite
- 4 colheres de sopa de xerez manzanilla
- 1 bulbo de erva-doce
- 1 punhado de talos de salsa
- 600g de tomate cereja
- 15 camarões grandes, descascados
- 1 copo de vinho branco

instruções:

a) Em uma panela grande, aqueça o azeite. Coloque os dentes de alho cortados em uma tigela. Deixe fritar até o alho dourar.

b) Adicione a erva-doce e a salsa à mistura. Cozinhe por 10 minutos em fogo baixo.

c) Em uma tigela grande, misture os tomates, sal, pimenta, xerez e vinho. Leve ao fogo por 7 minutos, ou até o molho engrossar.

d) Coloque os camarões descascados por cima. Cozinhe por 5 minutos, ou até os camarões ficarem rosados.

e) Decore com uma pitada de folhas de manjericão.

f) Sirva com um lado do pão.

SOBREMESA MEDITERRÂNEA

51. Panna Cotta de Chocolate

5 porções

Ingredientes:

- 500ml de creme de leite
- 10g de gelatina
- 70g de chocolate preto
- 2 colheres de iogurte
- 3 colheres de açúcar
- uma pitada de sal

instruções:

a) Em uma pequena quantidade de creme, molhe a gelatina.

b) Em uma panela pequena, despeje o creme restante. Leve ao fogo o açúcar e o iogurte, mexendo de vez em quando, mas não deixe ferver. Tire a panela do fogo.

c) Misture o chocolate e a gelatina até que estejam completamente dissolvidos.

d) Encha as formas com a massa e leve à geladeira por 2-3 horas.

e) Para soltar a panna cotta do molde, passe-a em água quente por alguns segundos antes de retirar a sobremesa.

f) Decore a seu gosto e sirva!

52. Galette de queijo com salame

5 porções

Ingredientes:

- 130 gr de manteiga
- 300 gr de farinha
- 1 colher de chá de sal
- 1 ovo
- 80ml de leite
- 1/2 colher de chá de vinagre
- Enchimento:
- 1 tomate
- 1 pimentão doce
- abobrinha
- salame
- mussarela
- 1 colher de sopa de óleo
- ervas (como tomilho, manjericão, espinafre)

instruções:

a) Cubra a manteiga.

b) Em uma tigela ou panela, misture o óleo, a farinha e o sal e pique com uma faca.

c) Coloque um ovo, um pouco de vinagre e um pouco de leite.

d) Comece a amassar a massa. Leve à geladeira por meia hora depois de enrolar em uma bola e embrulhar em filme plástico.

e) Corte todos os ingredientes do recheio.

f) Coloque o recheio no centro de um grande círculo de massa que foi aberto em papel manteiga (exceto Mussarela).

g) Regue com azeite e tempere com sal e pimenta.

h) Em seguida, levante cuidadosamente as bordas da massa, enrole-as em torno das seções sobrepostas e pressione-as levemente.

i) Pré-aqueça o forno a 200°C e asse por 35 minutos. Adicione a mussarela dez minutos antes do final do tempo de cozimento e continue a assar.

j) Sirva imediatamente!

53. Tiramisu

Porções: 6

Ingredientes:

- 4 gemas
- ¼ xícara de açúcar branco
- 1 colher de sopa de extrato de baunilha
- ½ xícara de creme de leite
- 2 xícaras de queijo mascarpone
- 30 dedos de senhora
- 1 ½ xícaras de café coado gelado guardado na geladeira
- ¾ xícara de licor Frangelico
- 2 colheres de sopa de cacau em pó sem açúcar

instruções:

a) Em uma tigela, misture as gemas, o açúcar e o extrato de baunilha até obter um creme.

b) Depois disso, bata o creme de leite até ficar firme.

c) Junte o queijo mascarpone e o chantilly.

d) Em uma tigela pequena, dobre levemente o mascarpone nas gemas e deixe de lado.

e) Combine o licor com o café frio.

f) Mergulhe os dedos da senhora na mistura de café imediatamente. Se os dedos da senhora ficarem muito molhados ou úmidos, eles ficarão encharcados.

g) Coloque metade dos dedos da senhora no fundo de uma assadeira de 9 x 13 polegadas.

h) Coloque metade da mistura de recheio por cima.

i) Coloque os dedos restantes da senhora em cima.

j) Coloque uma tampa sobre o prato. Depois disso, leve para gelar por 1 hora.

k) Polvilhe com cacau em pó.

54. Torta cremosa de ricota

Porções: 6

Ingredientes:

- 1 massa de torta comprada em loja
- 1 ½ kg de queijo ricota
- ½ xícara de queijo mascarpone
- 4 ovos batidos
- ½ xícara de açúcar branco
- 1 colher de sopa de aguardente

instruções:

a) Pré-aqueça o forno a 350 graus Fahrenheit.

b) Misture todos os ingredientes do recheio em uma tigela. Em seguida, despeje a mistura na massa.

c) Pré-aqueça o forno a 350 ° F e asse por 45 minutos.

d) Leve a torta à geladeira por pelo menos 1 hora antes de servir.

55. Biscoitos de Anis

Porções: 36

Ingredientes:

- 1 xícara de açúcar
- 1 xícara de manteiga
- 3 xícaras de farinha
- $\frac{1}{2}$ xícara de leite
- 2 ovos batidos
- 1 colheres de sopa de fermento em pó
- 1 colher de sopa de extrato de amêndoa
- 2 colheres de chá de licor de anis
- 1 xícara de açúcar de confeiteiro

instruções:

a) Pré-aqueça o forno a 375 graus Fahrenheit.

b) Bata o açúcar e a manteiga até ficar leve e fofo.

c) Incorpore a farinha, o leite, os ovos, o fermento e o extrato de amêndoa aos poucos.

d) Sove a massa até ficar pegajosa.

e) Crie pequenas bolas com pedaços de massa de 1 polegada de comprimento.

f) Pré-aqueça o forno a 350 ° F e unte uma assadeira. Coloque as bolinhas na assadeira.

g) Pré-aqueça o forno a 350 ° F e asse os biscoitos por 8 minutos.

h) Misture o licor de anis, o açúcar de confeiteiro e 2 colheres de sopa de água quente em uma tigela.

i) Por fim, mergulhe os biscoitos na calda ainda quentes.

56. Panna Cotta

Porções: 6

Ingredientes:

- ⅓ copo de leite
- 1 pacote de gelatina sem sabor
- 2 ½ xícaras de creme de leite
- ¼ xícara) de açúcar
- ¾ xícara de morangos fatiados
- 3 colheres de açúcar mascavo
- 3 colheres de aguardente

instruções:

a) Misture o leite e a gelatina até que a gelatina esteja completamente dissolvida. Retire da equação.

b) Em uma panela pequena, leve o creme de leite e o açúcar para ferver.

c) Incorpore a mistura de gelatina no creme de leite e bata por 1 minuto.

d) Divida a mistura entre 5 ramequins.

e) Coloque filme plástico sobre os ramequins. Depois disso, leve à geladeira por 6 horas.

f) Em uma tigela, misture os morangos, o açúcar mascavo e o conhaque; resfrie por pelo menos 1 hora.

g) Coloque os morangos sobre a panna cotta.

57. Pudim de Caramelo

Porções: 4

Ingredientes:

- 1 colher de sopa de extrato de baunilha
- 4 ovos
- 2 latas de leite (1 evaporado e 1 condensado adoçado)
- 2 xícaras de creme de leite
- 8 colheres de açúcar

instruções:

a) Pré-aqueça o forno a 350 graus Fahrenheit.

b) Em uma panela antiaderente, derreta o açúcar em fogo médio até dourar.

c) Despeje o açúcar liquefeito em uma assadeira enquanto ainda estiver quente.

d) Em um refratário, quebre e bata os ovos. Misture o leite condensado, o extrato de baunilha, o creme de leite e o leite adoçado em uma tigela. Faça uma mistura completa.

e) Despeje a massa na assadeira untada com açúcar derretido. Coloque a panela em uma panela maior com 1 polegada de água fervente.

f) Asse por 60 minutos.

58. creme catalão

Porções: 3

Ingredientes:

- 4 gemas
- 1 canela (em pau)
- 1 limão (raspa)
- 2 colheres de amido de milho
- 1 xícara de açúcar
- 2 xícaras de leite
- 3 xícaras de frutas frescas (bagas ou figos)

instruções:

a) Em uma panela, misture as gemas e uma grande porção do açúcar. Misture até que a mistura fique espumosa e lisa.

b) Adicione o pau de canela com as raspas de limão. Faça uma mistura completa.

c) Misture o amido de milho e o leite. Em fogo baixo, mexa até a mistura engrossar.

d) Tire a panela do forno. Deixe esfriar por alguns minutos.

e) Coloque a mistura em ramequins e reserve.

f) Reserve por pelo menos 3 horas na geladeira.

g) Quando estiver pronto para servir, regue o açúcar restante sobre os ramequins.

h) Coloque os ramequins na prateleira inferior da caldeira. Deixe o açúcar derreter até ficar com uma cor marrom dourada.

i) Como guarnição, sirva com frutas.

59. Creme espanhol laranja-limão

Porções: 1 porções

Ingrediente

- 4½ colher de chá de gelatina simples
- ½ xícara de suco de laranja
- ¼ xícara de suco de limão
- 2 xícaras de leite
- 3 ovos, separados
- ⅔ xícara de açúcar
- Pitada de sal
- 1 colher de sopa de casca de laranja ralada

instruções:

a) Misture a gelatina, o suco de laranja e o suco de limão e deixe descansar por 5 minutos.

b) Escalde o leite e misture as gemas, o açúcar, o sal e a casca de laranja.

c) Cozinhe em banho-maria até cobrir as costas de uma colher (sobre água quente, não fervente).

d) Depois disso, adicione a mistura de gelatina. Legal.

e) Adicione as claras batidas em neve à mistura.

f) Refrigere até endurecer.

60. melão bêbado

Porções: 4 a 6 porções

Ingrediente

- Para o prato Uma seleção de 3 a 6 queijos espanhóis diferentes
- 1 garrafa de vinho do porto
- 1 melão, sem a parte de cima e sem sementes

instruções:

a) Um a três dias antes da ceia, despeje o porto no melão.

b) Resfrie na geladeira, coberto com filme plástico e com o topo substituído.

c) Retire o melão da geladeira e retire o envoltório e cubra quando estiver pronto para servir.

d) Retire o porto do melão e coloque-o em uma tigela.

e) Corte o melão em pedaços depois de remover a casca. Coloque os pedaços em quatro pratos refrigerados separados.

f) Sirva como acompanhamento com os queijos.

61. Sorvete de amêndoa

Porções: 1 porções

Ingrediente

- 1 xícara de amêndoas torradas; torrado
- 2 xícaras de água mineral
- ¾ xícara de açúcar
- 1 pitada de canela
- 6 colheres de sopa de xarope de milho light
- 2 colheres de sopa de Amaretto
- 1 colher de chá de raspas de limão

instruções:

a) Em um processador de alimentos, triture as amêndoas em pó. Em uma panela grande, misture a água, o açúcar, o xarope de milho, o licor, as raspas e a canela e, em seguida, adicione as nozes moídas.

b) Em fogo médio, mexa constantemente até que o açúcar se dissolva e a mistura ferva. 2 minutos em ebulição

c) Reserve para esfriar Usando uma sorveteira, bata a mistura até que esteja semi-congelada.

d) Se você não tiver uma sorveteira, transfira a mistura para uma tigela de aço inoxidável e congele até endurecer, mexendo a cada 2 horas.

62. torta de maçã espanhola

Porções: 8 Porções

Ingrediente
- ¼ de quilo de manteiga
- ½ xícara de açúcar
- 1 gema de ovo
- 1 ½ xícara de farinha peneirada
- 1 pitada de sal
- ⅛ colher de chá de fermento em pó
- 1 xícara de Leite
- ½ casca de limão
- 3 gemas
- ¼ xícara) de açúcar
- ¼ xícara de farinha
- 1½ colher de manteiga
- ¼ xícara) de açúcar
- 1 colher de suco de limão
- ½ colher de chá de canela

- 4 maçãs descascadas e fatiadas
- Maçã; damasco, ou qualquer geleia de sua escolha

instruções:

a) Pré-aqueça o forno a 350 ° F. Misture o açúcar e a manteiga em uma tigela. Misture os demais ingredientes até formar uma bola.

b) Abra a massa em uma forma de mola ou uma forma de torta. Mantenha refrigerado até o momento de usar.

c) Misture o suco de limão, a canela e o açúcar em uma tigela. Misture com as maçãs e misture. Isso é algo que pode ser feito com antecedência.

d) Adicione a casca de limão ao leite. Leve o leite a ferver e, em seguida, reduza para fogo baixo por 10 minutos. Enquanto isso, em uma panela de fundo grosso, misture as gemas e o açúcar.

e) Quando o leite estiver pronto, despeje-o lentamente na mistura de gemas enquanto mexe constantemente em fogo baixo. Acrescente a farinha aos poucos enquanto mexe em fogo baixo.

f) Continue a bater a mistura até ficar lisa e espessa. Tire a panela do fogo. Acrescente a manteiga aos poucos até derreter.

g) Recheie a massa com o creme. Para fazer uma camada simples ou dupla, coloque as maçãs por cima. Coloque a torta em um forno de 350 ° F por cerca de 1 hora depois de terminar.

h) Retire e reserve para esfriar. Quando as maçãs estiverem frias o suficiente para serem manuseadas, aqueça a geleia de sua escolha e regue por cima.

i) Deixe a geleia de lado para esfriar. Servir.

63. Creme de caramelo

Porções: 1 porções

Ingrediente

- ½ xícara de açúcar granulado
- 1 colher de chá de água
- 4 gemas ou 3 ovos inteiros
- 2 xícaras de leite, escaldado
- ½ colher de chá de extrato de baunilha

instruções:

a) Em uma frigideira grande, misture 6 colheres de açúcar e 1 xícara de água. Aqueça em fogo baixo, agitando ou mexendo de vez em quando com uma colher de pau para não queimar, até que o açúcar fique dourado.

b) Despeje a calda de caramelo em uma assadeira rasa (8x8 polegadas) ou prato de torta o mais rápido possível. Deixe esfriar até endurecer.

c) Pré-aqueça o forno a 325 graus Fahrenheit.

d) Bata as gemas ou os ovos inteiros juntos. Misture o leite, o extrato de baunilha e o açúcar restante até misturar completamente.

e) Despeje o caramelo resfriado por cima.

f) Coloque a assadeira em banho-maria. Asse por 1-112 horas, ou até que o centro esteja firme. Legal, legal, legal.

g) Para servir, vire com cuidado em um prato de servir.

64. cheesecake espanhol

Porções: 10 porções

Ingrediente

- 1 quilo de queijo creme
- 1 ½ xícara de açúcar; Granulado
- 2 ovos
- ½ colher de chá de canela; Chão
- 1 colher de chá de casca de limão; Grato
- ¼ xícara de farinha sem fermento
- ½ colher de chá de sal
- 1 x açúcar de confeiteiro
- 3 colheres de manteiga

instruções:

a) Pré-aqueça o forno a 400 graus Fahrenheit. Bata o queijo, 1 colher de sopa de manteiga e o açúcar em uma tigela grande. Não bata.

b) Adicione os ovos um a um, batendo bem após cada adição.

c) Junte a canela, a casca de limão, a farinha e o sal. Unte a frigideira com as 2 colheres de manteiga restantes, espalhando uniformemente com os dedos.

d) Despeje a massa na forma preparada e asse a 400 graus por 12 minutos, depois diminua para 350 graus e asse por mais 25 a 30 minutos. A faca deve estar livre de qualquer resíduo.

e) Quando o bolo esfriar à temperatura ambiente, polvilhe-o com açúcar de confeiteiro.

65. creme frito espanhol

Porções: 8 porções

Ingrediente

- 1 pau de canela
- Casca de 1 limão
- 3 xícaras de leite
- 1 xícara de açúcar
- 2 colheres de amido de milho
- 2 colheres de chá de canela
- Farinha de trigo; para dragagem
- Lavagem de ovos
- Azeite; para fritar

instruções:

a) Combine o pau de canela, casca de limão, 34 xícaras de açúcar e 212 xícaras de leite em uma panela em fogo médio.

b) Leve ao fogo baixo, depois reduza para fogo baixo e cozinhe por 30 minutos. Retire a casca de limão e o pau de canela. Combine o leite restante e amido de milho em uma pequena bacia de mistura.

c) Bata bem. Em um fluxo lento e constante, misture a mistura de amido de milho no leite aquecido. Deixe ferver, reduza para fogo baixo e cozinhe por 8 minutos, mexendo sempre. Retire do fogo e despeje em uma assadeira de 8 polegadas que foi untada com manteiga.

d) Deixe esfriar completamente. Cubra e leve à geladeira até esfriar completamente. Faça triângulos de 2 polegadas com o creme.

e) Combine as 14 xícaras restantes de açúcar e a canela em uma tigela. Homogeneizar. Passe os triângulos na farinha até ficarem totalmente cobertos.

f) Mergulhe cada triângulo no ovo batido e escorra o excesso. Retorne os cremes para a farinha e cubra completamente.

g) Aqueça o azeite em uma frigideira grande em fogo médio. Coloque os triângulos no óleo quente e frite por 3 minutos, ou até dourar dos dois lados.

h) Retire o frango da panela e escorra em papel toalha. Misture com a mistura de açúcar com canela e tempere com sal e pimenta.

i) Continue com o resto dos triângulos da mesma maneira.

66. torta italiana de alcachofra

Porções: 8 Porções

Ingrediente

- 3 ovos; Vencido
- 1 pacote de 3 onças de cream cheese com cebolinha; Suavizado
- ¾ colher de chá de alho em pó
- ¼ colher de chá de pimenta
- 1½ xícara de Queijo Mussarela, Parte Leite Desnatado; Trincado
- 1 xícara de ricota
- ½ xícara de maionese
- 1 14 onças pode corações de alcachofra; drenado
- ½ lata de 15 onças de grão de bico, enlatado; Enxaguado e drenado
- 1 2 1/4 Oz pode Azeitonas Fatiadas; drenado
- 1 2 Oz Jar Pimientos; Picado e Escorrido
- 2 colheres de salsa; Recortado
- 1 crosta de torta (9 polegadas); Não cozido

- 2 tomates pequenos; Fatiado

instruções:

a) Combine os ovos, queijo creme, alho em pó e pimenta em uma bacia grande. Misture 1 xícara de queijo mussarela, ricota e maionese em uma tigela.

b) Mexa até que tudo esteja bem misturado.

c) Corte 2 corações de alcachofra ao meio e reserve. Pique o restante dos corações.

d) Misture a mistura de queijo com os corações picados, grão de bico, azeitonas, pimentões e salsa. Recheie a casca da massa com a mistura.

e) Asse por 30 minutos a 350 graus. O queijo mussarela restante e o queijo parmesão devem ser polvilhados por cima.

f) Asse por mais 15 minutos ou até firmar.

g) Deixe descansar por 10 minutos.

h) Por cima, disponha as rodelas de tomate e os corações de alcachofra cortados em quatro.

i) Servir

67. pêssegos assados italianos

Porções: 1 porções

Ingrediente

- 6 pêssegos maduros
- ⅓ xícara de açúcar
- 1 xícara de amêndoas moídas
- 1 gema de ovo
- ½ colher de chá de extrato de amêndoa
- 4 colheres de manteiga
- ¼ xícara de amêndoas fatiadas
- Creme pesado, opcional

instruções:

a) Pré-aqueça o forno a 350 graus Fahrenheit. Os pêssegos devem ser lavados, cortados ao meio e sem caroço. Em um processador de alimentos, purê 2 das metades de pêssego.

b) Em uma tigela, misture o purê, o açúcar, as amêndoas moídas, a gema de ovo e o extrato de amêndoa. Para fazer uma pasta lisa, misture todos os ingredientes em uma tigela.

c) Despeje o recheio sobre cada metade de pêssego e coloque as metades de pêssego recheadas em uma assadeira untada com manteiga.

d) Polvilhe com amêndoas fatiadas e pincele a manteiga restante sobre os pêssegos antes de assar por 45 minutos.

e) Sirva quente ou frio, com um lado de creme ou sorvete.

68. Bolo italiano picante de ameixa

Porções: 12 porções

Ingrediente

- 2 xícaras de italiano sem caroço e esquartejado
- Ameixas secas, cozidas até
- Suave e resfriado
- 1 xícara de manteiga sem sal, amolecida
- 1¾ xícara de açúcar granulado
- 4 ovos
- 3 xícaras de farinha peneirada
- ¼ xícara de manteiga sem sal
- ½ kg de açúcar em pó
- 1 ½ colher de sopa de cacau sem açúcar
- Pitada de sal
- 1 colher de chá de canela
- ½ colher de chá de cravo moído
- ½ colher de chá de noz-moscada moída

- 2 colheres de chá de bicarbonato de sódio
- ½ xícara de Leite
- 1 xícara de nozes, finamente picadas
- 2 a 3 colheres de sopa forte, quente
- Café
- ¾ colher de chá de baunilha

Instruções:

a) Pré-aqueça o forno a 350 ° F. Unte e enfarinhe uma forma Bundt de 10 polegadas.

b) Em uma tigela grande, bata a manteiga e o açúcar até ficar leve e fofo.

c) Bata os ovos um a um.

d) Misture a farinha, as especiarias e o bicarbonato de sódio em uma peneira. Em terços, adicione a mistura de farinha à mistura de manteiga, alternando com o leite. Bata apenas para combinar os ingredientes.

e) Adicione as ameixas e as nozes cozidas e mexa para combinar. Transforme na assadeira preparada e asse por 1 hora em forno a 350 ° F, ou até que o bolo comece a encolher dos lados da forma.

f) Para fazer a cobertura, bata a manteiga e o açúcar de confeiteiro. Aos poucos, adicione o açúcar e o cacau em pó, mexendo sempre até misturar completamente. Tempere com sal.

g) Misture uma pequena quantidade de café de cada vez.

h) Bata até ficar leve e fofo, em seguida, adicione a baunilha e decore o bolo.

69. doce de nozes espanhol

Porções: 1 porções

Ingrediente

- 1 xícara de Leite
- 3 xícaras de açúcar mascavo claro
- 1 colher de manteiga
- 1 colher de chá de extrato de baunilha
- 1 quilo de carne de nozes; picado

instruções:

a) Ferva o leite com o açúcar mascavo até caramelizar, depois adicione a manteiga e a essência de baunilha logo antes de servir.

b) Pouco antes de retirar o doce do fogo, adicione as nozes.

c) Em uma tigela grande, misture bem as nozes e coloque a mistura em formas de muffin preparadas.

d) Corte em quadrados com uma faca afiada imediatamente.

70. pudim de mel

Porções: 6 porções

Ingrediente

- ¼ xícara de manteiga sem sal
- 1 ½ xícara de Leite
- 2 ovos grandes; ligeiramente batidos
- 6 fatias de pão branco; rasgado
- ½ xícara Claro; mel fino, mais
- 1 colher de sopa Claro; mel fino
- ½ xícara de água quente; mais
- 1 colher de água quente
- ¼ colher de chá de canela em pó
- ¼ colher de chá de baunilha

instruções:

a) Pré-aqueça o forno a 350 graus e use um pouco da manteiga para untar um prato de torta de vidro de 9 polegadas. Misture o leite e os ovos, em seguida, adicione os pedaços de pão e vire para cobri-los uniformemente.

b) Deixe o pão de molho por 15 a 20 minutos, virando uma ou duas vezes. Em uma frigideira grande antiaderente, aqueça a manteiga restante em fogo médio.

c) Frite o pão embebido na manteiga até dourar, cerca de 2 a 3 minutos de cada lado. Transfira o pão para a assadeira.

d) Em uma tigela, misture o mel e a água quente e mexa até que a mistura fique homogênea.

e) Misture a canela e a baunilha e regue a mistura sobre e ao redor do pão.

f) Asse por cerca de 30 minutos, ou até dourar.

71. torta de cebola espanhola

Porções: 2 porções

Ingrediente

- ½ colher de chá de azeite
- 1 litro de cebola espanhola
- ¼ xícara de água
- ¼ xícara de vinho tinto
- ¼ colher de chá de alecrim seco
- 250 gramas de batatas
- 3/16 xícara de iogurte natural
- ½ colher de sopa de farinha de trigo
- ½ ovo
- ¼ xícara de queijo parmesão
- ⅛ xícara de salsa italiana picada

instruções:

a) Prepare as cebolas espanholas cortando-as em fatias finas e ralando as batatas e o queijo parmesão.

b) Em uma panela de fundo grosso, aqueça o azeite. Cozinhe, mexendo de vez em quando, até as cebolas ficarem macias.

c) Cozinhe por 20 minutos, ou até que o líquido tenha evaporado e as cebolas tenham adquirido uma cor marrom-avermelhada escura.

d) Misture o alecrim, as batatas, a farinha, o iogurte, o ovo e o queijo parmesão em uma tigela. Jogue as cebolas.

e) Em uma fôrma de pudim de 25 cm bem untada, espalhe os ingredientes uniformemente. Pré-aqueça o forno a 200°C e asse por 35-40 minutos, ou até dourar.

f) Decore com salsa antes de cortar em fatias e servir.

72. suflê de panela espanhola

Porções: 1

Ingrediente

- 1 caixa de arroz integral rápido espanhol
- 4 ovos
- 4 onças de pimentão verde picado
- 1 xícara de água
- 1 xícara de queijo ralado

instruções:

a) Siga as instruções da embalagem para cozinhar o conteúdo da caixa.

b) Quando o arroz estiver pronto, misture os ingredientes restantes, exceto o queijo.

c) Cubra com queijo ralado e leve ao forno a 325 ° F por 30-35 minutos.

73. Semifreddo de mel congelado

Serve: 8 porções

Ingredientes

- 8 onças creme pesado
- 1 colher de chá de extrato de baunilha
- 1/4 colher de chá de água de rosas
- 4 ovos grandes
- 4 1/2 onças de mel
- 1/4 colher de chá mais 1/8 colher de chá de sal kosher
- Coberturas como frutas fatiadas, nozes torradas, nibs de cacau ou chocolate raspado

instruções

a) Pré-aqueça o forno a 350 ° F. Forre uma forma de pão de 9 por 5 polegadas com filme plástico ou papel manteiga.

b) Para o Semifreddo, na tigela da batedeira equipada com um batedor, bata o creme de leite, a baunilha e a água de rosas até ficarem firmes.

c) Transfira para uma tigela ou prato separado, cubra e leve à geladeira até estar pronto para usar.

d) Na tigela da batedeira, misture os ovos, o mel e o sal. Para misturar, use uma espátula flexível para misturar tudo. Ajuste o calor para manter uma fervura lenta sobre o banho-maria preparado, certificando-se de que a tigela não toque na água.

e) Em uma bacia de aço inoxidável, cozinhe, girando e raspando regularmente com uma espátula flexível, até aquecer a 165 ° F, cerca de 10 minutos.

f) Transfira a mistura para uma batedeira equipada com um acessório de batedor quando atingir 165 ° F. Bata os ovos em fogo alto até ficarem espumosos.

g) Delicadamente, misture metade do chantilly preparado com a mão. Adicione os restantes ingredientes, bata rapidamente e envolva com uma espátula flexível até ficar bem misturado.

h) Raspe na assadeira preparada, cubra bem e congele por 8 horas ou até ficar sólido o suficiente para cortar, ou até que a temperatura interna atinja 0 º F.

i) Inverta o semifreddo em um prato resfriado para servir.

74. Sobremesa italiana

Porções: 4

Ingredientes

- 4 gemas
- 1/4 xícara de açúcar
- 1/2 xícara de Marsala Dry ou outro vinho branco seco
- alguns ramos de hortelã fresca

instruções:

a) Em uma bacia à prova de calor, bata as gemas e o açúcar até ficar amarelo pálido e brilhante. O Marsala deve então ser levado.

b) Leve uma panela média até a metade de água ao fogo baixo. Comece a bater a mistura de ovo/vinho na tigela à prova de calor em cima da panela.

c) Continue a bater por 10 minutos com batedores elétricos (ou um batedor) em água quente.

d) Use um termômetro de leitura instantânea para garantir que a mistura atinja 160 ° F durante o período de cozimento.

e) Retire do fogo e coloque o zabaglione sobre a fruta preparada, decorando com folhas de hortelã fresca.

f) Zabaglione é igualmente delicioso servido em cima de sorvete ou sozinho.

75. Affogato

Porções: 1

Ingredientes

- 1 bola de sorvete de baunilha
- 1 dose de expresso
- Um fiozinho de calda de chocolate, opcional

instruções:

a) Em um copo, coloque uma bola de sorvete de baunilha e 1 dose de expresso.

b) Servir!

BEBIDAS MEDITERRÂNEAS

76. Rum e Gengibre

Porções: 1 pessoa

Ingredientes:

- 50ml de rum Bacardi
- 100ml de cerveja de gengibre
- 2 rodelas de lima
- 2 dashes de Angostura Bitter
- 1 ramo de hortelã

instruções:

a) Adicione gelo a um copo.

b) Adicione o suco de limão, rum, cerveja de gengibre e bitters.

c) Misture delicadamente os ingredientes.

d) Decore com uma rodela de lima e folhas de hortelã.

e) Servir.

77. refrigerante de creme italiano

Porções: 1 porções

Ingrediente

- 1 litro de leite frio
- 1 onça a 1 1/2 oz Pêssego ou outro sabor de xarope
- Gelo
- 9 onças de água com gás
- Frutas frescas ou meio a meio para decorar

instruções:

a) Em um copo de 12 onças, misture o leite e a calda e mexa bem.

b) Encha o copo até a metade com gelo e, em seguida, complete com água com gás. Mexa mais uma vez.

c) Sirva com frutas frescas ou uma colher de chá de meio a meio como guarnição.

78. Sangria Espanhola

Porções: 6 a 8 porções

Ingredientes

- 1 laranja, fatiada
- 2 limões, fatiados
- 1/2 xícara de açúcar
- 2 garrafas de vinho tinto
- 2 onças triple sec
- 1/2 xícara de aguardente
- 2 (12 onças) latas de refrigerante de limão

instruções:

a) Em uma tigela grande de ponche, corte a laranja e os limões em fatias de 1/8 de polegada de espessura.

b) Adicione 1/2 xícara de açúcar (ou menos, se desejar) e deixe a fruta de molho no açúcar por cerca de 10 minutos, apenas o tempo suficiente para que os sucos naturais da fruta fluam.

c) Adicione o vinho e mexa bem para dissolver o açúcar.

d) Junte o triple sec e o conhaque.

e) Adicione 2 latas de refrigerante e mexa

f) Adicione mais açúcar ou refrigerante, se desejar. Verifique se o açúcar está completamente dissolvido.

g) Para resfriar totalmente a tigela de ponche, adicione uma grande quantidade de gelo.

h) Se estiver servindo sangria em jarras, encha-as até a metade com gelo e despeje a sangria por cima.

79. Tinto de Verano

Porção: 1 porção

Ingredientes

- 3 a 4 cubos de gelo
- 1/2 xícara de vinho tinto
- 1/2 xícara de refrigerante de limão
- Fatia de limão, para decorar

instruções:

a) Em um copo alto, coloque cubos de gelo.

b) Junte o vinho tinto e o refrigerante.

c) Sirva com uma fatia de limão como guarnição.

80. Sangria de vinho branco

Porções: 8 porções

Ingredientes

- 3 laranjas médias ou 1 xícara de suco de laranja
- 1 limão, cortado em gomos
- 1 lima, cortada em gomos
- 1 garrafa de vinho branco, gelado
- 2 onças de conhaque, opcional
- 2/3 xícara de açúcar branco
- 2 xícaras de club soda ou ginger ale

instruções:

a) Em uma jarra, esprema o suco das fatias cítricas.

b) Retire as sementes e coloque as fatias, se possível. Encha a jarra com suco de laranja se estiver usando.

c) Despeje o vinho branco sobre a fruta na jarra.

d) Adicione o conhaque e o açúcar, se estiver usando. Para garantir que todo o açúcar esteja dissolvido, mexa vigorosamente.

e) Mantenha refrigerado se não for servir imediatamente.

f) Para manter a sangria brilhando, adicione o refrigerante de gengibre ou o club soda logo antes de servir.

81. Horchata

Porções: 4 porções

Ingredientes

- 1 xícara de arroz branco de grãos longos
- 1 pau de canela, partido
- 1 colher de chá de raspas de lima
- 5 xícaras de água potável (divididas)
- 1/2 xícara de açúcar granulado

instruções:

a) Pulverize o arroz no liquidificador até obter uma consistência farinhenta.

b) Misture com o pau de canela e as raspas de limão e deixe descansar em um recipiente hermético em temperatura ambiente durante a noite.

c) Retorne a mistura de arroz ao liquidificador e processe até que os pedaços de pau de canela estejam completamente quebrados.

d) Misture 2 xícaras de água na mistura.

e) Deixe de molho na geladeira por algumas horas.

f) Coe o líquido por uma peneira fina ou algumas camadas de gaze em uma jarra ou tigela, apertando com frequência para remover o máximo possível da água leitosa do arroz.

g) Misture 3 xícaras de água e o açúcar até que o açúcar esteja completamente dissolvido.

h) Resfrie a horchata antes de servir.

82. Licor 43 Cuba Libre

Porção: 1 porção

Ingredientes

- 1 onça de Licor 43
- 1/2 onça de rum
- 8 onças de cola
- 1/2 litro de suco de limão
- Fatia de limão, para decorar

instruções:

a) Coloque cubos de gelo em um copo de 12 onças.

b) Insira Licor 43 e rum no copo; completar com cola.

c) Esprema o suco de limão no copo; Mexa para combinar; e sirva com uma rodela de limão como guarnição.

d) Aproveitar!

83. Frutas Água Fresca

Ingredientes

- 4 xícaras de água potável
- 2 xícaras de frutas frescas
- 1/4 xícara de açúcar
- 2 colheres de chá de suco de limão espremido na hora
- rodelas de lima para decorar
- Gelo

instruções:

a) Bata no liquidificador a água, o açúcar e as frutas.

b) Purê até ficar completamente homogêneo. Encha uma jarra ou recipiente de servir até a metade com a mistura.

c) Adicione o suco de limão e mexa para combinar. Se necessário, adicione mais açúcar após a degustação.

d) Sirva com uma fatia de limão ou lima como guarnição.

e) Se desejar, sirva com gelo.

84. Caipirinha

Porção: 1 porção

Ingredientes

- 1/2 limão
- 1 1/2 colheres de chá de açúcar superfino
- 2 onças de cachaça/licor de cana
- Roda de cal, para guarnecer

instruções:

a) Corte meio limão em fatias pequenas usando uma faca.

b) Amasse o limão e o açúcar juntos em um copo antiquado.

c) Adicione a cachaça à bebida e mexa bem.

d) Adicione pequenos cubos de gelo ou gelo quebrado ao copo, mexa novamente e decore com uma roda de limão.

85. Carajillo

Ingredientes

- ½ xícara de café expresso ou descafeinado
- 1 ½ a 2 onças Licor 43
- 8 cubos de gelo

instruções:

a) Despeje 12 a 2 onças de Licor 43 sobre gelo em um copo Old Fashioned.

b) Coloque o espresso acabado de fazer por cima lentamente.

c) Despeje o espresso nas costas de uma colher para criar um efeito de camadas e sirva.

86. Licor de Limão

Ingredientes

- 10 limões orgânicos preferidos
- 4 xícaras de vodka de alta qualidade como Grey Goose
- 3 ½ xícaras de água
- 2 ½ xícaras de açúcar granulado

instruções:

a) Lave os limões com uma escova vegetal e água quente para remover qualquer resíduo de pesticidas ou cera. Seque os limões.

b) Retire a casca dos limões em tiras compridas com um descascador de legumes, usando apenas a parte externa amarela da casca. A medula, que é a parte branca abaixo da casca, é extremamente amarga. Guarde os limões para usar em outro prato.

c) Em uma jarra grande ou jarra, despeje a vodka.

d) Jogue as cascas de limão em uma jarra ou jarra grande e cubra com uma tampa ou filme plástico.

e) Mergulhe as cascas de limão na vodka em temperatura ambiente por 10 dias.

f) Após 10 dias, coloque a água e o açúcar em uma panela grande em fogo médio e deixe ferver lentamente, cerca de 5 a 7 minutos. Deixe esfriar completamente.

g) Retire a calda do fogo e deixe esfriar antes de combinar com a mistura Limoncello de cascas de limão e vodka. Encha a mistura de limão/vodka até a metade com calda de açúcar.

h) Usando um coador de malha, um filtro de café ou gaze, coe o limoncello.

i) Jogue fora as cascas. Usando um pequeno funil, transfira para garrafas decorativas estilo grampo.

j) Refrigere as garrafas até que estejam completamente frias.

87. Sgroppino

Ingredientes

- 4 onças de vodca
- 8 onças Prosecco
- 1 lote de sorvete de limão
- Guarnições Opcionais
- raspas de limão
- fatias de limão
- torção de limão
- folhas de hortelã fresca
- folhas de manjericão fresco

instruções:

a) No liquidificador, bata os três primeiros ingredientes.

b) Processe até ficar homogêneo e misturado.

c) Sirva em taças de champanhe ou taças de vinho.

88. Aperol Spritz

Ingredientes

- 3 onças de prosecco
- 2 onças de Aperol
- 1 onça club soda
- Decore: fatia de laranja

instruções:

a) Em um copo de vinho cheio de gelo, misture o prosecco, o Aperol e o club soda.

b) Adicione uma fatia de laranja como guarnição.

89. Soda Italiana de Amora

Ingredientes

- 1/3 xícara de calda de amora
- 2/3 xícara de refrigerante club

instruções

a) Em um copo de 10 onças, despeje a calda.

b) Adicione a soda e mexa bem.

90. Café italiano Granita

Ingredientes

- 4 xícaras de água
- 1 xícara de café expresso torrado moído
- 1 xícara de açúcar

instruções:

a) Ferva a água e acrescente o café. Passe o café por uma peneira. Adicione o açúcar e misture bem. Deixe a mistura esfriar até a temperatura ambiente.

b) Frite os ingredientes em uma panela 9x13x2 por 20 minutos. Usando uma espátula plana, raspe a mistura (eu gosto de usar um garfo pessoalmente).

c) Raspe a cada 10-15 minutos até que a mistura fique grossa e arenosa. Se formar pedaços grossos, bata-os em um processador de alimentos antes de devolvê-los ao freezer.

d) Sirva com um pouco de creme frio em uma bela sobremesa gelada ou uma aula de Martini.

91. Limonada italiana de manjericão

Porções: 6

Ingredientes

- 3 limões
- ⅓ xícara de açúcar
- 2 xícaras de água
- 1 xícara de suco de limão
- ¼ xícara de folhas de manjericão fresco

Servir:

- 2 xícaras de água ou club soda gelada
- Gelo moído
- Decore com rodelas de limão e ramos de manjericão

instruções:

a) Misture o açúcar, a água e 1 xícara de suco de limão em uma panela em fogo médio.

b) Mexa e cozinhe até que esta mistura ferva e o açúcar se dissolva. Retire a panela do fogo e misture as folhas de manjericão e as raspas de limão.

c) Deixe o manjericão de molho na água por 5 a 10 minutos.

d) Retire os pedaços de manjericão e raspas da calda de manjericão e limão coando. Leve à geladeira até esfriar completamente em um frasco de pedreiro ou outro recipiente coberto.

e) Quando estiver pronto para servir a limonada, misture o concentrado de limonada, água ou refrigerante, gelo picado e raminhos de manjericão em uma jarra.

f) Despeje em copos separados.

g) Cubra com folhas de manjericão fresco e fatias de limão para decorar.

92. Gingermore

Ingredientes

- 1 litro de suco de limão
- 2 fatias pequenas de gengibre fresco
- 4 amoras
- Sanpellegrino Limonata

instruções:

a) Amasse as amoras e o gengibre fresco no fundo de um copo alto e resistente (capacidade de 14 onças).

b) Coloque cubos de gelo no copo e complete com Sanpellegrino Limonata.

c) Usando uma colher de bar, misture delicadamente os ingredientes.

d) Adicione casca de limão, amoras e hortelã fresca para decorar.

93. Hugo

PORÇÕES 1

Ingredientes

- 15 cl Prosecco, gelado
- 2 cl xarope de sabugueiro ou xarope de erva-cidreira
- algumas folhas de hortelã
- 1 suco de limão espremido na hora ou suco de limão
- 3 cubos de gelo
- shot de água mineral com gás ou água com gás
- fatia de limão, ou lima para decoração do copo ou como guarnição

instruções:

a) Coloque os cubos de gelo, a calda e as folhas de hortelã em um copo de vinho tinto. Eu recomendo bater levemente as folhas de hortelã antes, pois isso ativará o aroma da erva.

b) Despeje o suco de limão ou lima espremido na hora no copo. Coloque uma fatia de limão ou lima no copo e adicione Prosecco fresco.

c) Depois de alguns momentos, adicione um pouco de água mineral com gás.

94. frapê de frutas frescas espanhol

Porções: 6 porções

Ingredientes:

- 1 xícara de melancia, em cubos
- 1 xícara de melão, em cubos
- 1 xícara de abacaxi, em cubos
- 1 xícara de manga, fatiada
- 1 xícara de morangos, cortados ao meio
- 1 xícara de suco de laranja
- $\frac{1}{4}$ xícara) de açúcar

instruções:

a) Combine todos os ingredientes em uma tigela. Encha o liquidificador até a metade com o conteúdo e complete com gelo quebrado.

b) Cubra e misture em alta velocidade até obter uma consistência consistente. Repita com o restante da mistura.

c) Sirva imediatamente, com frutas frescas ao lado, se desejar.

95. Chocolate quente à espanhola

Porções: 6 porções

Ingrediente

- ½ kg de Chocolate Doce Baker
- 1 litro de leite; (ou 1/2 leite meia água)
- 2 colheres de chá de amido de milho

instruções:

a) Parta o chocolate em pedaços pequenos e misture-o com o leite numa panela.

b) Aqueça lentamente, mexendo sempre com um batedor, até que a mistura atinja um pouco abaixo do ponto de ebulição.

c) Usando algumas colheres de chá de água, dissolva o amido de milho.

d) Misture o amido de milho dissolvido na mistura de chocolate até o líquido engrossar.

e) Sirva imediatamente em copos quentes.

96. Chinotto Verde

Ingredientes:

- 1 oz/3 cl sálvia e xarope de hortelã
- $\frac{3}{4}$ oz/2,5 cl de suco de limão
- Complete com Sanpellegrino ChinottoEm

instruções:

a) Despeje todo o xarope e suco em um copo grande e resistente.

b) Usando uma colher de bar, misture tudo cuidadosamente.

c) Adicione gelo ao copo e complete com Sanpellegrino Chinotto.

d) Sirva com um segmento de limão e hortelã fresca como guarnição.

97. Rose Spritz

Porções: 1 bebida

Ingredientes

- 2 onças Rose Aperitivo ou licor de rosas
- 6 onças Prosecco ou vinho espumante
- 2 onças de refrigerante
- Fatia de toranja para decorar

instruções:

a) Em uma coqueteleira, misture 1 parte de Aperitivo de rosas, 3 partes de Prosecco e 1 parte de refrigerante.

b) Agite vigorosamente e coe em um copo de coquetel.

c) Adicione gelo picado ou cubos de gelo.

d) Adicione uma fatia de toranja como enfeite. Beba o mais rápido possível.

98. Mel de abelha cortado

Ingredientes:

- 2 doses de expresso
- 60ml de leite vaporizado
- 0,7ml de xarope de baunilha
- 0,7ml de xarope de mel

instruções:

a) Faça uma dose dupla de café expresso.

b) Leve o leite a ferver.

c) Misture o café com os xaropes de baunilha e mel e mexa bem.

d) Espalhe uma camada fina em cima da mistura de café/xarope adicionando partes iguais de leite.

99. Bitters cítricos

Porções: 2

Ingredientes:

- 4 laranjas de preferência orgânicas
- 3 colheres de sopa de anis estrelado
- 1 colher de sopa de cravo
- 1 colher de sopa de vagens de cardamomo verde
- 1 colher de sopa de raiz de genciana
- 2 xícaras de vodka ou outro álcool forte

instruções:

a) Em uma jarra de vidro, adicione as raspas/cascas de laranja secas, os outros temperos e a raiz de genciana. Para descobrir as sementes dentro das vagens de cardamomo, esmague-as.

b) Usando um álcool à prova forte de sua escolha, cubra completamente as cascas de laranja e os temperos.

c) Agite a mistura com o álcool nos próximos dias. Aguarde muitos dias ou semanas para que as cascas de laranja e os temperos penetrem no álcool.

d) Da tintura de álcool agora saborosa, coe as cascas e as especiarias.

100. Pisco Sour

Porções 1

Ingredientes

- 2 onças de pisco
- 1 oz xarope simples
- ¾ oz de suco de limão
- 1 clara de ovo
- 2-3 dashes de Angostura Bitter

instruções

a) Misture o pisco, suco de limão, xarope simples e clara de ovo em uma coqueteleira.

b) Adicione gelo e agite agressivamente.

c) Coe em um copo vintage.

d) Cubra a espuma com algumas gotas de Angostura Bitters.

CONCLUSÃO

A culinária mediterrânea não deve ser confundida com a dieta mediterrânea, popularizada pelos aparentes benefícios à saúde de uma dieta rica em azeite, trigo e outros grãos, frutas, legumes e uma certa quantidade de frutos do mar, mas com baixo em carnes e laticínios. A cozinha mediterrânea abrange as formas como esses e outros ingredientes, incluindo a carne, são tratados na cozinha, sejam saudáveis ou não.

www.ingramcontent.com/pod-product-compliance
Lightning Source LLC
Chambersburg PA
CBHW071805080526
44589CB00012B/698